우리아이 EQ를 높여주고 싶을 때

요술풍선 100가지

이기태 저

일진사

머리말

"풍선은 꿈을 만들어 내는 마술 공장입니다."

꿈!
　꿈은 인간이라면 누구나 가질 수 있는 자기만의 소중하고 아름다운 상상의 세계입니다. 특히 이 꿈은 어린아이늘의 현재와 미래를 예측하게 해주는 정확한 척도이기도 합니다. 그래서 저는 감히 이렇게 말합니다.
　"풍선은 꿈을 만들어 내는 마술 공장이다."
　저 뿐만 아니라 대개의 어른들이 어렸을 때 한번쯤은 경험했을 만한 일이 있습니다.
　아빠와 엄마의 손을 잡고 고궁이나 놀이동산에 놀러 가서 어렵게 구한 풍선! 행여 놓칠세라 꼭 잡고 있다가 실수로 풍선이 날아가게 되고, 하늘 높이 춤추는 빨강, 노랑, 파랑, 초록…. 풍선을 쫓아가다가 지쳐 눈물짓던 일…. 아마 그 풍선을 날려버리고 그토록 슬퍼했던 것은 그 풍선에 담아둔 꿈까지 날아갈까봐 더욱 서글프고 걱정되어 그랬던 것은 아닐까요?

　그래서 저는 이 꿈을 풍선에 담아보았습니다
　형형색색의 작은 풍선을 입으로 "후~후" 불면서 점점 커지는 아름다운 풍선을 보며 어른들은 어린시절 가졌던 추억의 꿈을 생각하고 아이들은 자기만의 상상의 나래를 펼칠 수 있을 것입니다.
　풍선이 어린이들의 정서발달에 도움이 되고 EQ 증진에도 기여하고 또한 요술풍선을 만들기 위한 손동작 등을 통해 두뇌발달에도 도움이 된다는 이야기는 요즘 자녀를 키우시는 부모님이라면 누구나 알만한 사실입니다.
　하지만 더 중요한 것은 "풍선은 꿈을 만들어 내는 아름다운 마술 공장"이라는 겁니다.
　제가 어린시절 가졌던 꿈이 이제서야 이 풍선을 통해 펼쳐지려고 합니다. 저는 믿습니다. 풍선은 꿈이요, 추억이요, 교육이고, 새로운 문화라는 것을….
　이 책은 어린시절 제가 꾸었던 꿈의 시작입니다. 그래서 이 출발점에서 고마운 분들이 너무 많습니다. 늘 저에게 도움을 주시는 김수안 의원님과 남기태 사장님, 김병기 사장님 그리고 한국풍선협회와 한국풍선교육협의 임원 여러분들과 이 책의 제작에 참여해 준 송동명 실장과 이영미, 강유선, 박초월 씨 등 제 곁에서 진지하고 때로는 즐겁게 함께 작업하며 제 꿈을 펼칠 수 있게 도와주신 모든 분께 진심으로 고맙다고 인사를 드립니다.

　꿈!
　이제 제 꿈은 저 혼자만의 것이 아닙니다. 이 땅의 수많은 어린이와 부모님, 그리고 요술풍선으로 어린이들에게 꿈을 주고 싶은 분들과 함께 풍선을 통해 함께 마술공장에서 아름다운 꿈을 계속 만들어 내고 싶습니다.

　7월의 무더위가 시작되는 날, 강일, 강호 두 아들과 사랑하는 아내에게 그동안 가정을 잘 보살피지 못한 아빠와 남편으로서 미안한 마음과 고마움을 이 책을 통해 대신합니다.

　　　　　　　　　　　　　　　　　풍선을 통해 꿈을 가꾸는 사람　이기태

CONTENTS

요술풍선을 **시작하기 전에** ·· 5
    요술풍선의 부분별 명칭 ·· 6
    요술풍선을 어떻게 관리해야 하나? ·································· 6
    행사장에서 어린이들에게 요술풍선을 만들어주기 전에 ········ 6
    요술풍선에 사용되는 풍선의 종류 및 도구 ························ 7
    풍선 불기와 묶기 ·· 8
    일러스트 그림 설명 ··· 9
    한국 풍선장식산업의 발자취 ·· 10

PART 1 기본 기법으로 배우는 요술풍선 만들기 ············ 11

    꼬기와 잠그기 ·· 12
        강아지 • 13 / 새앙쥐 • 14 / 다람쥐 • 14 / 고양이 • 14 / 늑대 • 14 / 기린 • 15 /
        닥스훈트 • 15 / 토끼 • 16

    스파이랄 만들기와 S-자 꼬기 ·· 16
        코브라 • 17 / 악어 • 17 / 벌 • 17

    접어 꼬기 ··· 18
        후크선장의 칼 • 18 / 이순신 장군칼 • 19 / 푸들강아지 • 20 / 백조 • 21 / 원숭이 • 22

    튤립 꼬기 ··· 24
        사과 • 24 / 감 • 24 / 데이지꽃 • 25 / 해바라기 • 25 / 포도송이 • 26 / 바나나 • 26 /
        레몬 • 26 / 네잎클로버 • 27 / 풍선꽃 • 27 / 토끼풀 • 27 / 다알리아 • 28

    겹꼬기(꼬집어 꼬기) ·· 30
        물고기 • 30 / 엑스컬리버칼 • 30 / 순록 • 31 / 천리마 • 31

    겹꼬기가 포함된 여러방울꼬기 ····································· 32
        곰인형 • 32 / 사자 • 33

    말아넣기 ··· 34
        앵무새 I • 34 / 앵무새 II • 35 / 원앙 • 35 / 비둘기 • 36 / 총 I • 36 / 총 II • 36

PART 2 파티를 위한 예쁜모자 만들기 ····························· 37

    기본모자 I • 38 / 기본모자 II • 38 / 사이클모자 • 38 / 꽃모자 • 39 /
    하트모자 • 39 / 삐에로모자 • 40 / 꽈배기모자 • 40 / 테엽모자 • 41 /
    프로펠러모자 • 41 / 코끼리귀모자 • 41 / 달팽이모자 • 42

PART 3 요술풍선 고급 응용편 ········· 43

260(막대 풍선)을 이용한 작품 만들기 ········· 44
꽃게 • 44 / 눈사람 • 44 / 반지 • 45 / 귀걸이 • 45 / 6"하트물고기 • 45 / 팔찌 • 45

321(사과 풍선)을 이용한 작품 만들기 ········· 46
앵무새 • 46 / 중국인형 • 46 / 펭귄 • 46 / 벌 • 46 / 삐에로 • 47

요술풍선으로 캐릭터와 파티장식용 작품 만들기 ········· 48
거미 • 48 / 자전거 • 49 / 토끼 • 50 / 검정오리 • 51 / 독수리 • 51 / 펠리칸 • 51 / 딱따구리 • 51 / 타조 • 52 / 생쥐 • 53 / 고양이 • 54

PART 4 요술풍선으로 배우는 즐거운 영어 ABC ········· 55

아이와 함께 만들면서 배우는 영어알파벳 ABC ········· 56
불필요한 방울 제거법 • 56 / 영어알파벳 A에서 Z까지 • 56

PART 5 풍선으로 예쁜 꽃 만들기 ········· 63

요술풍선으로 꽃다발 만들기 ········· 64

판타지플라워 ········· 66
기본꽃 만들기 • 66 / 꽃술 만들기 1 • 67 / 꽃술 만들기 2 • 67

장미 만들기 ········· 68

PART 6 가족이 함께 생일파티 꾸미기 ········· 69

풍선의 색과 조합 ········· 70

풍선장식에 사용되는 용어 ········· 72

풍선장식의 기본 ········· 73
풍선 불기와 묶기 • 73

아주 쉬운 풍선장식 따라하기 ········· 74
풍선꽃 만들기 • 74 / 풍선볼 만들기 • 75 / 풍선기둥 만들기 • 76 / 풍선물고기 만들기 • 77 / 하트모양 만들기 • 78

PART 7 위빙기법으로 생일케이크 만들기 ········· 79

요술풍선을 시작하기 전에

🎈 요술풍선의 부분별 명칭

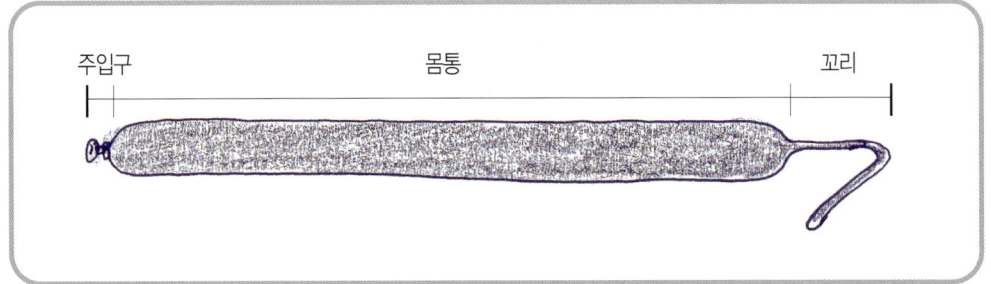

주입구 　　　　　　　몸통　　　　　　　꼬리

🎈 요술풍선을 어떻게 관리해야 하나?

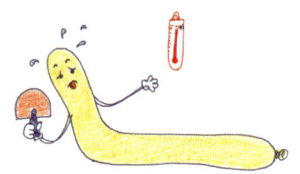

여름철에 기온이 높아지면 풍선이 너무 부드러워져 풍선을 불 때 쉽게 늘어나고 잘 터지게 된다.

풍선은 고무 성분으로 만들어져 있기 때문에 직사광선에 노출되면 공기 중의 산소와 쉽게 결합되어 산화가 빨라지게 되어 색이 변하고 터지거나 모양이 망가진다.

오래된 풍선은 아무리 고무 성분이라도 딱딱하게 굳어 풍선을 불 때 바로 터지는 수가 많으므로 생산된 지 1년 이내의 풍선을 사용하는 것이 좋다. 일반적으로 신선한 풍선은 생산된 지 6개월 이내의 것을 말한다.

그러므로 요술풍선이나 기타 모든 풍선은 선선하고 그늘진 곳에 청결한 상태로 보관해야 한다.

🎈 행사장에서 어린이들에게 요술풍선을 만들어주기 전에

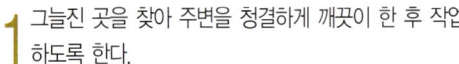

1 그늘진 곳을 찾아 주변을 청결하게 깨끗이 한 후 작업하도록 한다.

2 아이스박스 안에 비닐로 싼 아이스 팩을 넣고 그 위에 요술풍선을 봉지 채로 넣고 작업하면 풍선이 쉽게 산화되거나 풍선을 불 때 너무 더워서 풍선이 쉽게 터지는 것을 방지할 수 있다.

3 8세 이하의 어린이는 풍선방울을 입 안에 넣고 빨면 질식할 수 있으므로 어른의 주의가 필요하며 어린이의 손이 미치지 않는 곳에 보관하도록 한다.

🎈 요술풍선에 사용되는 풍선의 종류 및 도구

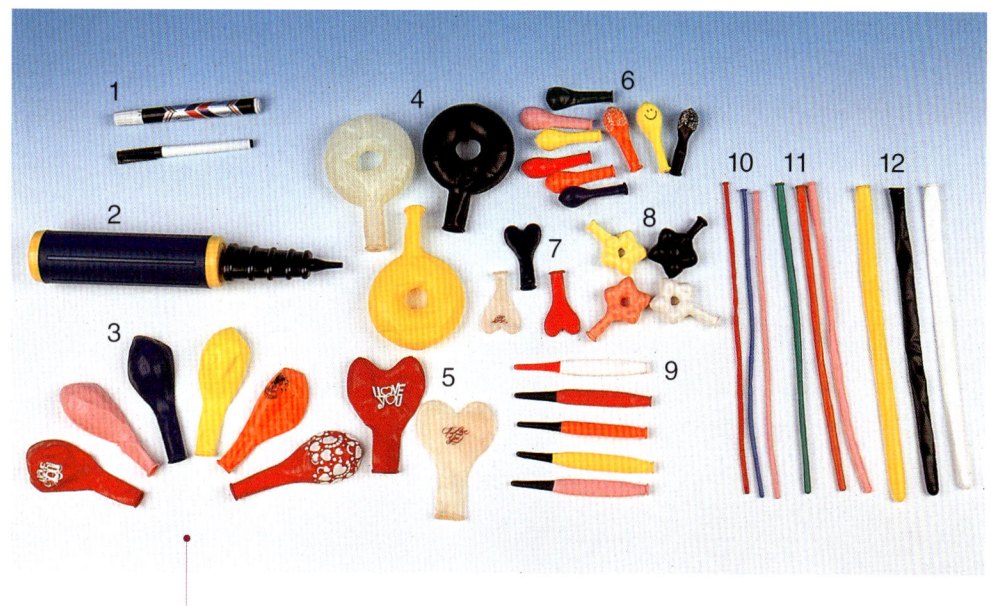

❶ 유성매직, 사인펜 ❷ 손펌프 ❸ 11인치 원형풍선 ❹ 16인치 도넛풍선 ❺ 11인치 하트풍선 ❻ 5인치 원형풍선 ❼ 6인치 하트풍선 ❽ 6인치 꽃풍선 ❾ 321 사과풍선 ❿ 160 스파게티풍선 ⓫ 260 막대풍선 ⓬ 350 점보풍선

요술풍선에 사용되는 풍선

요술풍선에 사용되는 풍선은 스파게티풍선(160), 막대풍선(260), 사과풍선(321), 점보풍선(350) 등 다양한 종류가 있다. 여기서 요술풍선의 종류를 나타내는 숫자 중 앞의 숫자는 풍선을 불었을 때의 두께를 나타내며 뒤의 두 자리 숫자는 풍선을 꼬리를 남기지 않고 불었을 때의 전체 길이를 나타낸다. 예를 들면, 260(막대풍선)은 이백육십이라고 부르며 앞의 2는 풍선을 불었을 때 두께가 2인치, 즉 5cm 정도이고 뒤의 60은 불었을 때 풍선의 총길이가 60인치, 즉 150cm 정도 되는 풍선이라는 뜻이다.

요술풍선을 가지고 작품을 만들 때

요술풍선을 가지고 작품을 만들 때 종종 원형풍선이나 하트풍선 등의 모양풍선을 같이 사용하여 더욱 아름다운 모양의 작품을 만들 수도 있으며 이 경우 사용되는 풍선은 5인치 풍선, 6인치 하트풍선, 6인치 꽃풍선, 11인치 원형풍선, 11인치 하트풍선, 16인치 도넛풍선이며 이때 풍선 앞의 숫자는 풍선을 불었을 때 지름을 말하는 것으로 예를 들면, 5인치 풍선은 풍선을 감싸 모양으로 불었을 때 지름이 5인치, 즉 12.5cm 정도가 되는 풍선이라는 뜻이다.
요술풍선에 사용되는 손펌프는 일반적으로 가정에서 물놀이 튜브를 부는 펌프로 잘 알려져 있으며 밀 때나 당길 때 모두 바람이 나오도록 되어 있다.

매직펜, 마카펜

동물 모양이나 캐릭터 등을 만들고 나서 눈이나 입, 줄무늬 등을 그려넣어 동물을 더욱 사실적으로 표현해 준다.

요술풍선을 시작하기 전에

풍선 불기와 묶기

풍선 불기

풍선의 주입구에 손펌프를 끼워 적당한 크기로 풍선을 분다. 이때 가장 중요한 것 중에 하나는 풍선의 꼬리부분을 얼마나 남기느냐 하는 것이다. 풍선을 불어서 모양을 만들 때 공기가 풍선방울을 한 개 꼬아줄 때마다 평균 약 1.5cm 정도 뒤로 밀려 이동하게 되므로 자신이 만들 풍선모양의 꼬기갯수를 계산하여 충분히 길이를 남기고 불도록 한다.

각각의 동물 모양을 만들 때마다 틀리기 때문에 여러분은 충분한 연습을 통하여 숙달될 수 있도록 해야 한다.

힌트

이 책을 구입하시고 기대감을 갖고 시작했는데 풍선 부는 것부터가 안된다구요? 당연합니다. 이 요술풍선을 입으로 직접 부는 것은 전문가가 아니면 쉽지 않습니다. 그래서 손펌프를 사용하여 쉽게 풍선을 불어서 사용하고 있습니다.

풍선 묶기

풍선을 원하는 크기로 분 다음 약간 바람을 빼고 묶어주면 된다. 막대풍선은 고무줄이라고 생각하고 본인이 편한 대로 묶어주면 되지만 여기서는 풍선을 쉽게 묶는 방법을 한 가지를 설명하도록 한다.

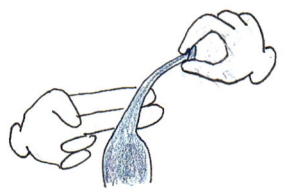 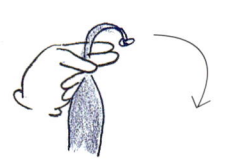 

(1) 왼손 엄지와 중지로 주입구 부분이 위로 향하도록 잡는다.

(2) 오른손 엄지와 검지로 주입구 부분을 길게 잡아 늘여 왼손 검지와 중지 부분의 주위를 시계방향으로 돌린다.

(3) 왼손의 검지와 중지를 벌려주어 그 사이로 풍선의 주입구를 안에서 밖으로 통과시킨 다음 왼손 손가락을 뺀다.

일러스트 그림 설명

이 책에서 사용된 그림들을 쉽게 이해하기 위해 그림들과 부호가 나타내는 의미를 알고 있어야 한다. 아래의 그림과 부호들에 대한 설명은 여러분이 좀더 쉽게 요술풍선의 여러 가지 모양들을 따라할 수 있도록 해줄 것이다.

풍선방울   2, 3cm 방울은 겹꼬기나 꼬집어꼬기를 할 때 사용되며 4, 5cm 방울은 동물의 목이나 발, 작은 동물 등을 만드는데 사용하며 5, 7cm는 큰 동물의 얼굴이나 목, 발부분, 몸통 부분이나 4, 5cm짜리 고리방울 만들 때 사용되며 9cm 이상의 방울은 원형고리나 칼 등을 만들 때 사용된다.

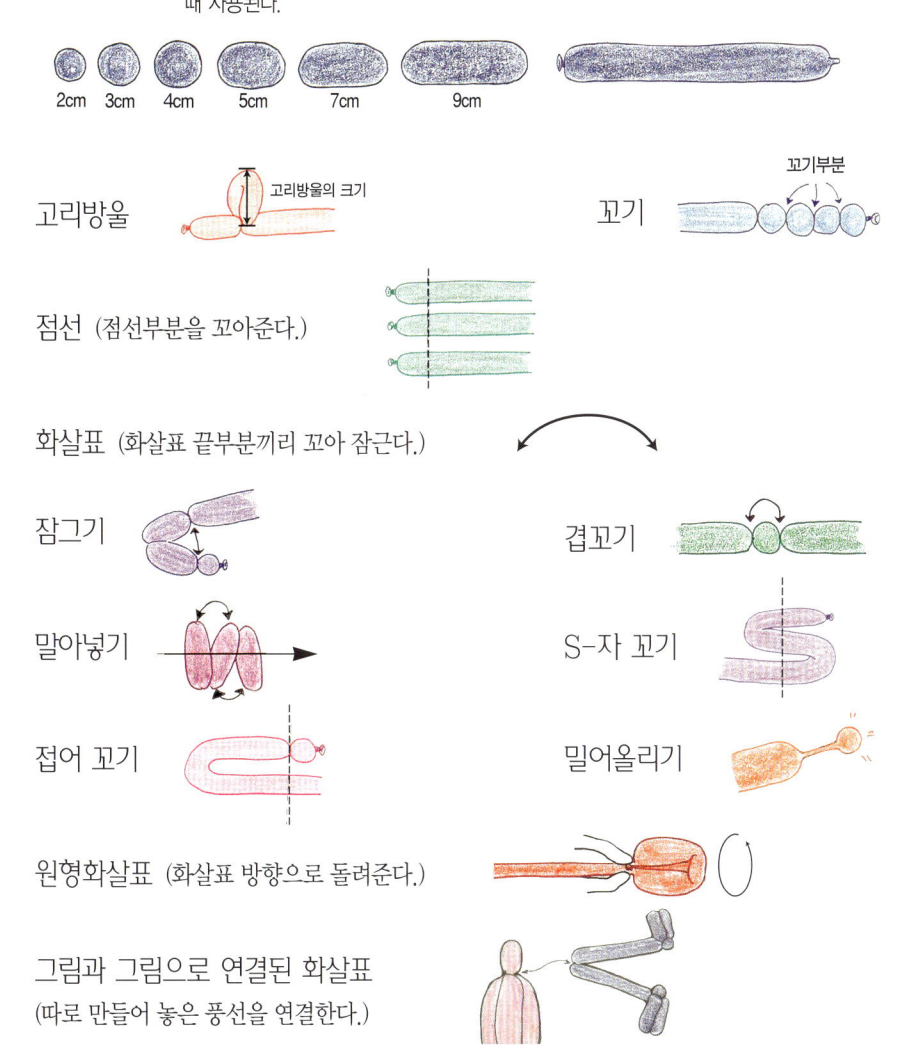

고리방울

꼬기

점선 (점선부분을 꼬아준다.)

화살표 (화살표 끝부분끼리 꼬아 잠근다.)

잠그기

겹꼬기

말아넣기

S-자 꼬기

접어 꼬기

밀어올리기

원형화살표 (화살표 방향으로 돌려준다.)

그림과 그림으로 연결된 화살표
(따로 만들어 놓은 풍선을 연결한다.)

요술풍선을 시작하기 전에

한국 풍선장식산업의 발자취

어린이에게 꿈을 주는 풍선은 국내에서는 부산 침지라는 곳에서 생산되며 여러분이 풍선을 불던 그 시절부터 지금까지 문구점에서 쉽게 구할 수 있는 풍선을 만들어 왔다. 이렇게 문구점이나 팬시점 등에서 몇 백 원을 주면 쉽게 구입할 수 있는 일반 풍선 이외에 풍선조형물이나 풍선아치, 기둥, 테이블장식 등의 멋진 풍선장식 인테리어를 만들 때 주로 사용하는 장식용 풍선은 벌룬갤러리란 업체에서 1993년부터 방송국의 여러 가지 무대장식에 풍선장식을 사용하였고 이를 계기로 대기업의 마케팅 부서나 백화점의 홍보부서에서부터 수요가 늘기 시작하였다.

이렇게 풍선장식 시장이 확장되었음에도 기존의 풍선장식 업체만으로는 넘쳐나는 수요와 소비자의 다양한 요구를 충분히 만족시키지 못하였고 이에 따라 새로운 풍선장식 전문점의 개념을 가진 벌룬투데이라는 업체가 다양한 디자인과 장식을 통해 최초로 체인사업으로 발전시키고 전문적인 기술을 일반인이 쉽게 익힐 수 있도록 기초적인 교육에서부터 전문과정까지 정립하여 전문강사의 양성과 일반인을 위한 교육을 통하여 한국풍선산업의 대중화와 저변확대에 기여하게 된다.

이에 따라 파티와 풍선장식이 몇몇 전문업체의 독점에서 벗어나 전문기술을 배워 직접 창업할 수 있는 부업과 겸업이 가능한 선진국형의 파티장식업으로 변화하게 된다.

풍선의 실질적인 활성화는 풍선의 한쪽 면에 개인이나 회사가 원하는 대로 로고나 글자 등을 실크스크린으로 인쇄해주는 인쇄풍선이 대형외식업체와 대기업 등에서 홍보용 판촉물로 쓰이면서 일반인들이 더욱 쉽게 인쇄풍선이나 풍선장식을 접할 수 있게 되어 풍선산업은 비약적으로 발전되게 된다.

국내 풍선장식산업은 한국풍선협회가 1999년도에 창립됨으로써 획기적인 전기를 맞이하게 된다. 벌룬아트디자이너들이 절실히 필요로 하고 있는 전문성 있는 협회가 대형업체와 소규모 이벤트업체, 풍선강사, 프리랜서까지 망라하여 한국풍선협회를 창립하게 되고 이를 계기로 이벤트, 광고업체 사이의 정보와 인적교류를 통해 풍선장식기술의 발전과 장식세미나 및 정보공유 등의 활동을 하게 된다.

또한 사단법인 신풍선문화협회와 한국풍선협회가 전문자격증을 발급하고 언론이나 매스컴 등의 대중매체를 통해 풍선장식을 알리고 일반인과 자영업자, 개인창업희망자들이 전문적인 풍선장식에 참여하면서 풍선시장은 양에서 질로 유통이나 생산자 시장에서 풍선장식을 전문으로 하는 전문가시대로의 개막을 알리게 된다.

현재 풍선장식은 대형장식과 이벤트를 주로하는 업체와 풍선부케를 배달하는 업체, 생일파티, 연회 등의 고급장식을 하는 업체와 용품판매를 주로하는 업체 등 나름대로 독특한 영역을 구축하며 틈새시장과 전문시장을 골고루 배분하는 형태로 움직이고 있으며, 성장 가능성이 많은 사업이라고 전망하고 있다. 한국사회에 새로운 여가나 오락의 모델로서 건전한 가족파티문화가 형성되고 여러 형태의 이벤트가 활성화될 때 풍선산업의 새로운 성장이 시작될 것이다.

PART 1
기본 기법으로 배우는 요술풍선 만들기

기본 기법으로 배우는 요술풍선 만들기

꼬기

우리가 처음으로 해야 할 일은 풍선을 원하는 크기로 꼬아서 방울을 만드는 일이다. 아래 그림처럼 풍선을 양손으로 잡고 원하는 위치를 왼손 엄지와 검지로 약간 눌러주면서 꼬리쪽 방울을 몸쪽 또는 반대쪽으로 2~3회 돌린다.

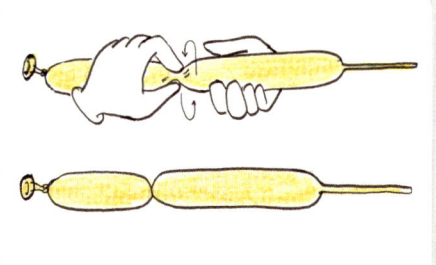

힌트

풍선을 계속 꼬아나갈 때 풍선의 입구 부분의 첫 번째 방울을 왼손 약지와 새끼손가락 사이에 끼워 잡아서 풀리지 않도록 한 후 계속 방울을 꼬아 나가도록 합니다.
풍선의 처음 방울과 맨 마지막의 방울은 항상 잡고 있어야 꼬아준 부분이 풀리지 않습니다.
(단, 잠그기를 한 후에는 놓아도 됩니다.)

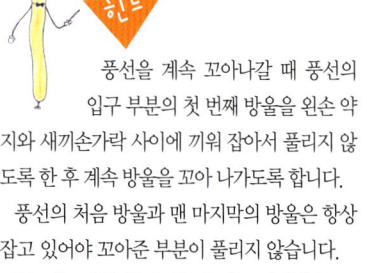

잠그기

잠그기는 방울을 만든 후 꼬임이 풀리지 않도록 잡아주는 기법으로 두 개 또는 그 이상의 방울을 사이에 꼰 후 맨 처음 방울과 꼬아진 부분과 맨 끝에 방울의 꼬아진 부분을 함께 꼬아주면 된다. 이때 적어도 3회 이상 돌려서 잠궈 쉽게 풀리지 않도록 한다.

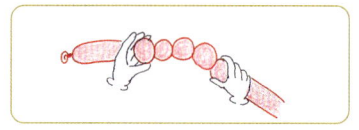

❸ 양손으로 첫 번째 방울의 꼬아진 부분과 맨 끝에 방울의 꼬아진 부분을 3회 이상 돌려서 꼬아준다.

❶ 풍선방울을 3개 연속해서 만든다.

❹ 완성된 잠그기 모양

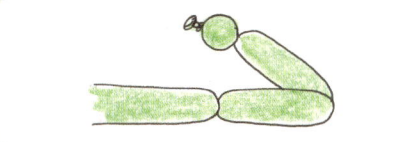

❷ 2번째 방울과 3번째 방울을 접어 나란히 하도록 한다.

강아지

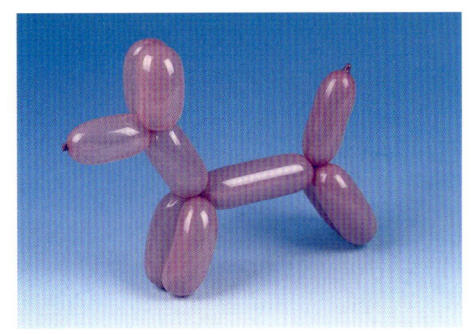

이 강아지는 모든 동물풍선 만들기의 기본이 되는 형태이며 이 동물모양을 응용하여 귀나 목을 길게 하거나 꼬리방울 크기를 조절하거나 하여 수십 가지 동물을 만들 수 있답니다. 한마디로 요술풍선의 기본입니다.

이렇게 만드세요

① 풍선의 꼬리부분을 9cm 정도 남기고 불어서 묶는다.

② 7cm 풍선방울 3개를 꼬아 만든 후 강아지의 얼굴과 귀를 만들기 위해 그림과 같이 2, 3번째 방울을 함께 잠그기한다.

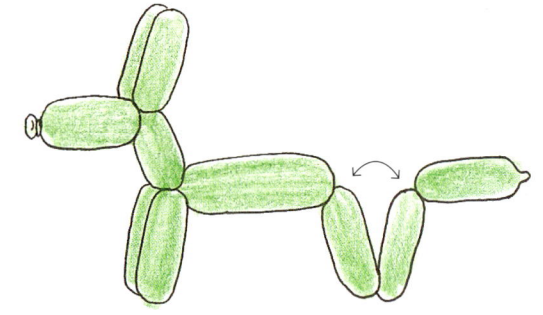

④ 11cm 방울을 꼬아 몸통부분을 만든 후 9cm 풍선방울을 2개 더 꼬아 뒷다리를 만들면 꼬리 끝의 나머지 부분은 강아지의 꼬리가 된다.

⑤ 뒷다리 모양이 흐트러지지 않도록 조그만 고정방울을 꼬리 밑에 남겨 모양을 고정시킨다.

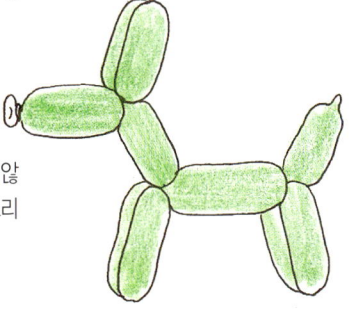

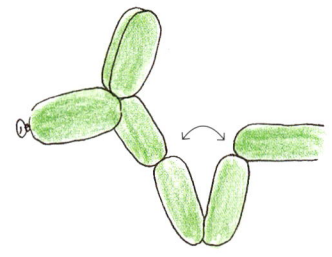

③ 9cm 방울을 꼬아 목을 만든 후 9cm 방울 2개를 더 꼬아서 잠그기하여 앞다리를 만든다.

 **힌트**

꼬리 밑부분에 남는 풍선방울은 요술풍선의 모양을 흐트러지지 않게 하기 위한 중요한 역할을 하는 방울로서 고정방울이라고 합니다.

새앙쥐

아주 작고 귀여운 새앙쥐 한 쌍이 소풍을 가는 중인가 봐요. 우리 함께 떠나볼까요?

이렇게 만드세요

① 풍선의 꼬리부분을 20cm 정도 남기고 불어서 묶는다.

② 3cm 방울을 3개 꼬아 만든 후 2, 3번째 방울을 꼬아잠궈 얼굴과 귀를 만든다.

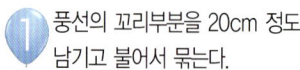

③ 2cm 방울을 꼬아 목을 만든 후 3cm 방울을 2개 더 꼬아잠궈 앞다리를 만든다.

④ 3cm 방울을 꼬아 몸통을 만들고 3cm 방울을 2개 더 꼬아잠궈 뒷다리를 만든다.
뒷다리 모양이 흐트러지지 않도록 조그만 고정방울을 꼬리 밑에 남겨 모양을 고정시킨다.

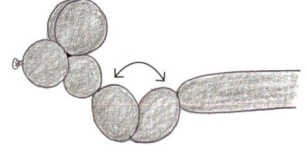

응용

다람쥐　　　　고양이　　　　늑대

기린

목이 길다란 기린이 먹이를 찾아 나무 숲 사이를 이리저리 거닐고 있습니다. 과연 찾을 수 있을까요?

이렇게 만드세요

1. 풍선의 꼬리부분을 9cm 정도 남기고 불어서 묶는다.

2. 7cm 풍선방울 1개를 꼬아 머리를 만들고 3cm 방울 2개를 꼬아 양쪽 귀를 만들어 2, 3번째 방울을 함께 잠그기한다.

3. 20cm 방울을 꼬아 목을 만든 후 9cm 방울 2개를 더 꼬아서 잠그기를 하여 앞다리를 만든다

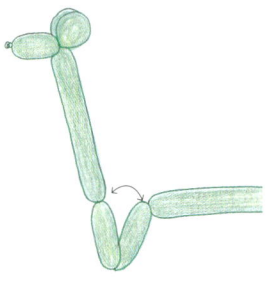

4. 20cm 방울을 꼬아 목을 만든 후 9cm 방울 2개를 더 꼬아서 잠그기를 하여 앞다리를 만든다.

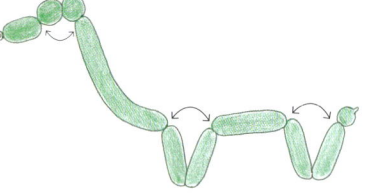

5. 뒷다리 모양이 흐트러지지 않도록 고정방울을 꼬리 밑에 남겨 모양을 고정시킨다.

닥스훈트

이 우스꽝스러운 강아지는 허리가 굉장히 긴 너무너무 재미있는 모습을 하고 있답니다. 우리집에서 길러 볼까요?

이렇게 만드세요

1. 풍선의 꼬리부분을 9cm 정도 남기고 불어서 묶는다.

2. 9cm 방울 3개를 꼬아 만든 후 2, 3번째 방울을 꼬아잠궈 얼굴과 귀를 만든다.

3. 귀 부분이 아래를 향하도록 하고 양쪽 귀 사이로 얼굴과 목부분을 끼워 밀어넣어 얼굴과 목이 아래로 향하게 한다.

4. 7cm 방울을 꼬아 목을 만든 후 7cm 방울을 2개 더 꼬아잠궈 앞다리를 만든다.

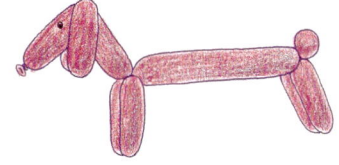

5. 20cm 방울을 꼬아 몸통을 만들고 7cm 방울을 2개 더 꼬아 잠궈 뒷다리를 만든다.

6. 조그만 고정방울을 꼬리 밑에 남겨 모양을 고정시킨다.

토끼

이 한 쌍의 귀여운 토끼는 여자아이들에게 특히 인기가 있는 동물가족이랍니다. 너무 사랑스럽지 않습니까?

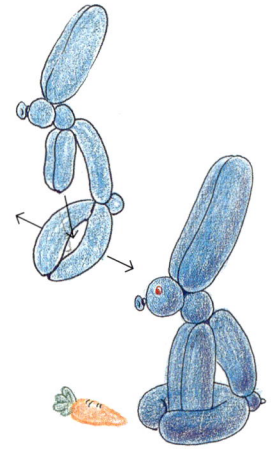

이렇게 만드세요

1 풍선의 꼬리부분을 7cm 정도 남기고 불어서 묶는다.

2 3cm 방울을 꼬아 머리를 만들고 11cm 방울 2개를 꼬아잠궈 커다란 토끼 귀를 만든다.

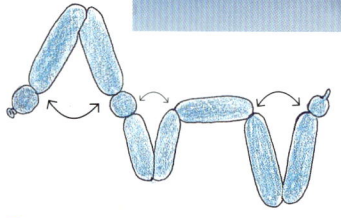

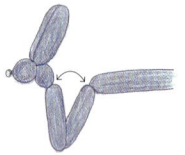

3 3cm 방울을 꼬아 목을 만들고 9cm 방울 2개를 더 꼬아잠궈 앞다리를 만든다.

4 9cm 방울을 꼬아 몸통을 만들고 15cm 정도의 긴 방울 2개를 꼬아 잠궈 뒷다리를 만든다.

5 꼬리부분에 3cm의 고정방울을 만든다.

6 길다란 뒷다리 사이를 벌려 앞다리를 끼워 넣어주면 앉아있는 귀여운 토끼가 된다.

스파이랄 만들기

풍선을 불지않은 상태에서 막대나 손가락에 감은 후 손펌프로 한번에 빠르게 불어주면 꽈배기 모양이 되고 이것을 스파이랄 기법이라고 한다.

1 검지와 중지 손가락에 풍선이 꼬이지 않게 하여 그림과 같이 위로 약간 당겨서 감는다.

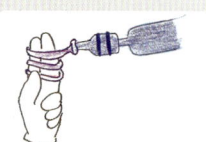

2 다른 사람이 손펌프로 한번에 빠르게 불어준다. 이때도 풍선이 미끄러져 꼬이지 않도록 주의한다.

S-자 꼬기

한번에 쉽고 빠르게 칼이나 동물모양의 양팔을 만들 수 있도록 이 기법이 사용된다. 하지만 양쪽 방울을 똑같이 만들기 위해서는 많은 연습이 필요하다.

1 길게 불어진 풍선을 입구 부분부터 약 20cm 정도씩 구부려서 S-자 모양을 만든다.

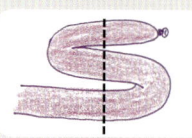

2 점선부분을 왼손 엄지와 검지로 잡고 바짝 오무려 준다. 오른손으로 잡고 돌려서 꼬아잠근다.

코브라

아주 무시무시한 독 이빨을 가진 이 코브라는 절대로 물지 않아요. 친구 삼아서 같이 놀아 주세요.

이렇게 만드세요

1. 풍선은 3cm 남기고 불어서 묶는다.

2. 3cm 방울을 만들고 접어꼬기로 4cm 고리방울을 만든다.

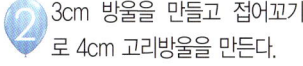

3. 3cm 방울을 4cm 고리방울에 반쯤 통과시킨 후 매직으로 날카로운 독니와 눈을 그려 완성시킨다.

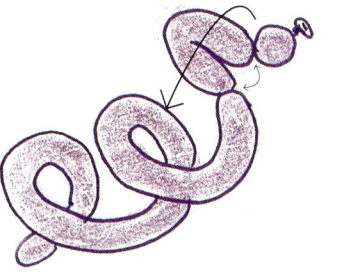

악어

정글 숲에는 무시무시한 악어가 살지요. 하지만 풍선으로 만든 악어는 귀엽답니다.

이렇게 만드세요

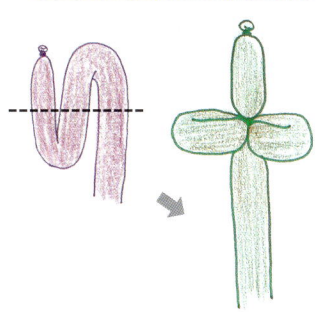

1. 풍선 입구 부분을 15cm 정도 남기고 S-자 꼬기를 하여 얼굴과 양쪽 앞발을 만든다.

2. 몸통부분을 남기고 두 번째 S-자 꼬기를 하여 몸통과 양발 그리고 꼬리를 만든다.

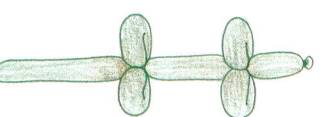
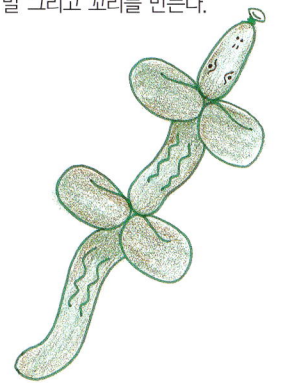

3. 몸통과 꼬리를 약간 좌우로 휘도록 주물러 준 다음 매직으로 등의 무늬와 얼굴을 그려준다.

벌

부지런히 날아다니며 달콤한 꿀을 모으는 벌을 만들어 볼까요.

이렇게 만드세요

1. 풍선을 5cm 남기고 불어서 묶는다.

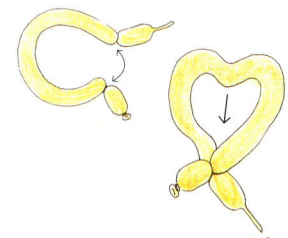

2. 5cm 방울을 만들어 그림과 같이 커다란 고리방울과 함께 꼰다. 고리방울의 중간을 꼬인 부분에 함께 꼰다.

접어 꼬기

접어 꼬기는 간단한 동물의 귀나 꽃잎, 칼의 손잡이나 새의 꼬리날개와 비행기의 날개 등을 만드는 데 쓰입니다.

① 3cm 방울을 만든다.

② 꼬아진 부분에 원하는 크기의 풍선방울을 짧게 접는다.

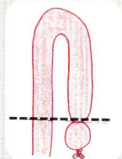 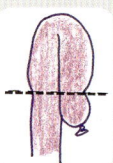 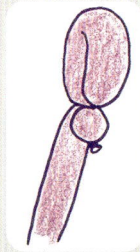

③ 왼손 엄지와 검지로 꼬아줄 부분을 살짝 누르면서 오른손으로 3회 이상 꼬아준다.

후크선장의 칼

이 칼은 옛날옛적 카리브해를 주름잡던 후크 선장의 허리에 찼던 칼이랍니다. 피터팬과 함께 대결을 벌여 볼까요?

이렇게 만드세요

① 풍선의 꼬리부분을 3cm 정도 남기고 불어서 묶는다.

② 3cm 풍선방울 1개를 만든 후 접어꼬기를 하여 15cm짜리 고리를 만든다.

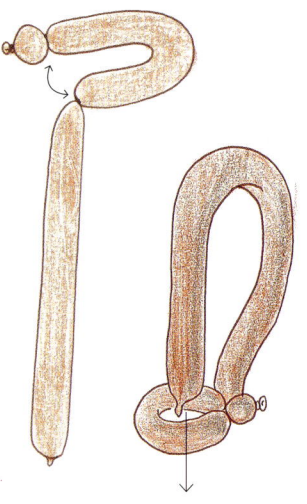

③ 고리 안쪽으로 손을 집어넣어 풍선의 꼬리부분을 잡고 칼의 손잡이가 될 부분만을 남기고 통과시킨다.

④ 3cm짜리 풍선방울이 아래를 향하게 오른손으로 잡고 왼손 엄지와 검지로 칼 윗쪽으로 향하게 조금씩 휘어준다.

이순신 장군 칼

임진왜란 때 왜적을 무찌르신 이순신 장군님의 긴 칼이랍니다. 이 칼을 가지고 많은 승리를 거두었답니다. 자! 그럼 누구와 대결할까요?

이렇게 만드세요

① 풍선의 꼬리부분을 5cm 남기고 불어서 묶는다.

② 11cm 방울을 꼬아 손잡이를 만들고 7cm 고리방울을 3개를 접어 꼬기하여 같은 위치에 꼬아준다.

③ 칼 손잡이와 칼날을 그림과 같이 위치를 잡아주고 칼날 부분을 엄지와 검지를 사용하여 직선이 되도록 곧게 편다.

힌트

접어 꼬기로 만들어진 풍선방울은 고리모양을 하고 있으며 이 고리방울의 크기는 매듭부분부터 접혀진 맨 윗부분까지의 길이를 나타낸다.

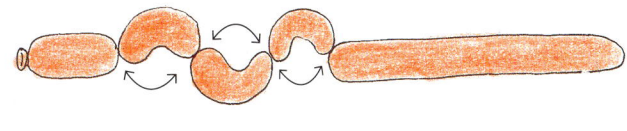
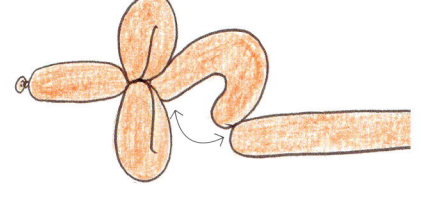
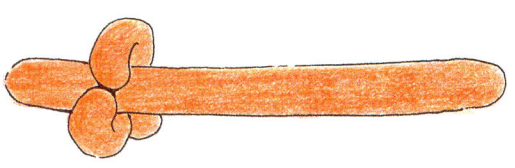

푸들강아지

누구에게나 꼬리를 흔들며 반가워 뛰어가는 사랑스러운 푸들!
다른 강아지들과 함께 있으면 더욱 돋보이지요.

이렇게 만드세요

1. 풍선의 꼬리부분을 17cm 정도 남기고 불어서 묶는다.

2. 7cm 풍선방울을 꼬아 얼굴을 만들고 접어꼬기를 하여 5cm 짜리 고리방울을 만든다.

3. 푸들의 얼굴부분을 5cm 고리방울에 반만 통과하도록 끼워 넣는다.

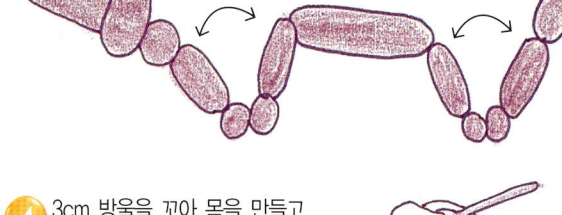

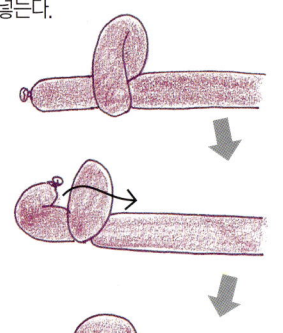

4. 3cm 방울을 꼬아 목을 만들고 4cm, 2cm, 2cm, 4cm의 순서대로 4개의 방울을 만들고 그림과 같이 4cm 방울 2개를 함께 꼬아잠궈 앞다리와 앞발을 만든다.

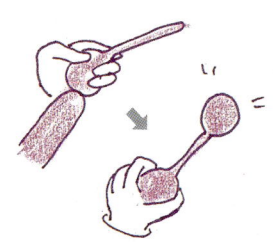

5. 7cm 방울을 꼬아 몸통부분을 만든 후 4cm, 2cm, 2cm, 4cm의 순서대로 4개의 방울을 더 만들어 4cm 방울 2개를 함께 꼬아잠궈 뒷다리를 만든다.

6. 3cm짜리 조그만 고정방울을 꼬리 밑에 남겨 모양을 고정시키고 나머지 공기는 꼬리 끝으로 밀어올리기를 하여 보낸다.

백조

아주 우아하고 기품 있는 백조가 호수에서 멋진 자태를 뽐내고 있군요.
혼자는 외로워 보이지요? 꼭 쌍으로 만들어 주세요.

이렇게 만드세요

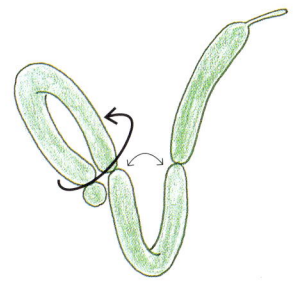

① 풍선의 꼬리부분을 9cm 정도 남기고 불어서 묶는다.

② 3cm 방울을 만들고 17cm짜리 커다란 고리방울을 접어꼬기를 사용해 만들어 꼰 후 같은 위치에 17cm짜리 고리방울을 하나 더 만든다.

③ 한쪽의 17cm짜리 고리방울을 다른 고리방울 아래로부터 위로 끼워넣어 백조의 몸통과 날개를 만든다.

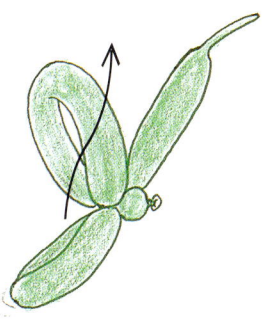

④ 남은 직선부분을 고리방울 사이에 끼워 고정시킨 후 풍선꼬리부분을 목의 앞쪽으로 당겨 부착하여 잡고 목 부분을 쥐어짜듯이 하고 모양대로 주물러 주어 백조의 부리를 만든다.

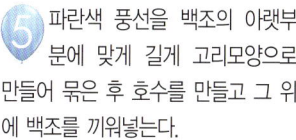

⑤ 파란색 풍선을 백조의 아랫부분에 맞게 길게 고리모양으로 만들어 묶은 후 호수를 만들고 그 위에 백조를 끼워넣는다.

원숭이

장난꾸러기 원숭이 한 마리가 바나나 나무에 올라가고 있습니다. 배고픈 원숭이는 얼마나 빨리 나무를 올라갈 수 있을까요?

이렇게 만드세요

1 풍선의 꼬리부분을 9cm 남기고 불어서 묶는다.

2 2cm, 2cm, 4cm 방울을 연속해서 꼬아 주입구를 4cm 방울과 꼬아잠근다.

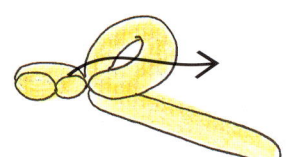

3 9cm의 접어꼬기를 한 후 처음 만들어둔 여러 개 방울로 된 고리를 고리방울 안쪽으로 반만 밀어넣는다.

4 3cm 방울을 꼬아 목을 만든 후 접어꼬기를 사용하여 바나나 나무의 기둥을 그림과 같이 넣고 꼬아잠근다.

5 7cm 방울로 몸통을 만들고 계속해서 7cm짜리 방울 2개를 꼬아잠궈 뒷다리를 만든다.

6 꼬리부분은 잘 말아서 형태를 잡아준다.

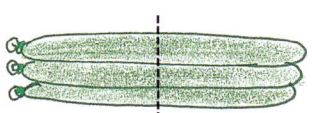

7 초록색 풍선 3개를 2cm 정도 남기고 불어준 후 중간을 한 손으로 잡고 꼰다.

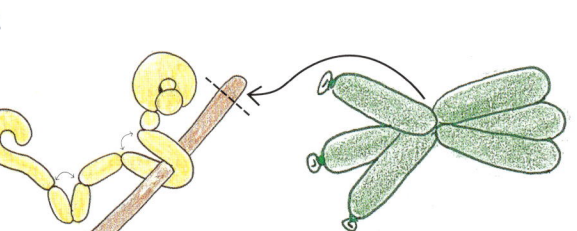

8 초록색 풍선 3개를 2cm 남기고 불어준 후 중간을 한 손으로 잡고 꼰다. 중앙부분을 나무의 맨 끝에서 3cm 방울을 만든 후 그 밑에 함께 꼬아잠근다

튤립 꼬기

❶ 7cm 방울을 불어서 묶는다.

❷ 오른손 검지로 주입구를 방울의 반대쪽 끝까지 밀어주고 왼손 엄지와 검지로 주입구 매듭을 잡은 후 오른손 검지를 빼낸다. 이때 공기가 방울 밖으로 빠져나가지 않게 한다.

❸ 오른손으로 방울을 3회 이상 돌려서 풍선 입구 매듭부분이 함께 꼬이게 한다.

❹ 왼손으로 잡고 있는 매듭 꼭지를 방울 안쪽으로 밀어주면서 손을 놓고 방울을 매만져서 튤립 모양을 만들어준다.

사 과

풍선으로 먹음직스러운 사과를 만들어 봅시다. 이 세상에는 없는 흰색, 노랑색, 초록색 사과도 만들어 볼까요? 만드셨나요? 그럼, 어떻게 먹지요?

이렇게 만드세요

❶ 사과풍선(321)을 7cm 정도 불어서 묶는다.

❷ 주입구를 반대로 밀어 넣어 튤립 꼬기를 한다.

❸ 모양을 매만져 사과 형태를 잡아준다.

감

할아버지, 할머니께서 제일 좋아하시는 말랑말랑한 감을 만들어 볼까요?

이렇게 만드세요

❶ 5인치 원형풍선을 조금만 불어서 묶는다.

❷ 주입구를 반대편으로 밀어서 매듭을 잡는다.

❸ 불지 않은 5인치 초록색 원형풍선으로 매듭 안쪽을 3회 이상 여러 번 돌려 고정시킨다.

❹ 왼손으로 잡고 있는 꼭지를 방울 안쪽으로 밀어주면서 손을 놓으면 풍선방울이 매듭을 잡아주어서 단감 모양을 만들고 꼭지부분에 초록색 잎사귀가 남게 된다.

데이지꽃

아름다운 데이지꽃을 만들어 사랑하는 사람에게 선물해 봅시다. 꽃 한 송이도 좋지만 여러 송이는 더욱 더 아름답습니다.

이렇게 만드세요

1️⃣ 풍선의 꼬리부분을 25cm 정도 남기고 불어서 묶는다.

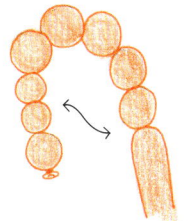

2️⃣ 3cm 방울을 꼰 후 2cm 방울 2개를 더 꼬아주고 풀어지지 않도록 잘 잡은 상태에서 3cm 방울 5개를 여러 개 방울꼬기로 만든 후 3cm 방울 5개의 1번, 5번 방울을 함께 잠근다.

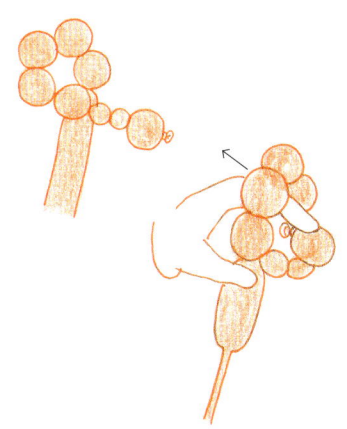

3️⃣ 3cm 방울 5개로 이루어진 고리 가운데로 맨 처음 만들어 놓은 방울을 반만 통과시켜 꽃술이 되도록 한다.

4️⃣ 꽃잎의 아랫부분에 풍선방울을 2cm만 남기고 나머지 공기를 풍선꼬리 끝으로 밀어올리기를 하여 보낸다.

해바라기

햇님을 사랑해서 햇님을 향해 서 있는 해바라기. 우리집을 해바라기 꽃밭으로 꾸며 볼까요?

이렇게 만드세요

1️⃣ 풍선의 꼬리부분을 15cm 정도 남기고 불어서 묶는다.

2️⃣ 튤립 꼬기로 꽃술에 쓰일 방울을 만든다.

3️⃣ 5cm짜리 고리방울을 접어꼬기로 만든다.

4️⃣ 반대편에 5cm짜리 고리방울을 하나 더 만든다.

5️⃣ 3번째, 4번째 접어 꼬기로 같은 크기의 방울을 만들어 한 곳에 잠그기를 해준다.

6️⃣ 꽃잎 뒤쪽에 3cm 방울을 만들어 꽃잎모양이 삐뚤어지지 않도록 한다. 남은 풍선방울을 풍선 꼬리부분으로 보내준다.

포 도 송 이

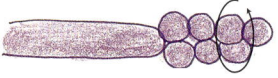

한 송이만 있어도 푸짐하고 달콤한 포도. 오늘은 포도 파티를 즐겨 볼까요?

이렇게 만드세요

1. 풍선의 꼬리부분을 21cm 정도 남기고 불어서 묶는다.

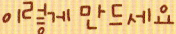

2. 2cm짜리 방울 7개를 연속해 만들어 주입구와 7번째 방울을 꼬아잠궈 준다.

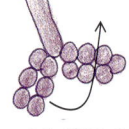

3. 7개의 방울 중 그림과 같이 3, 5번째 방울을 잠그기한다.

4. 2cm짜리 방울 6개를 만들어 3, 4번 방울 사이의 꼬임부분을 처음 만든 3, 5번째 방울 잠그기 부분에 끼워 꼬아준다.

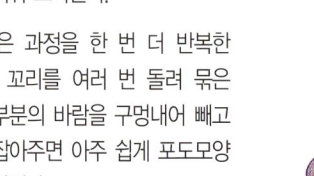

5. 같은 과정을 한 번 더 반복한 후 꼬리를 여러 번 돌려 묶은 후 꼬리부분의 바람을 구멍내어 빼고 모양을 잡아주면 아주 쉽게 포도모양이 만들어진다.

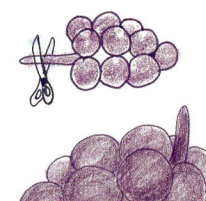

바 나 나

"… 사과는 맛있어 맛있으면 바나나. 바나나는 길어…." 길고 맛있는 바나나 보기만 해도 즐겁답니다.

이렇게 만드세요

1. 풍선의 꼬리부분을 17cm 정도 남기고 불어서 묶는다.

2. 11cm짜리 방울 3개를 만들고 2, 3번째 방울을 꼬아잠궈 준다.

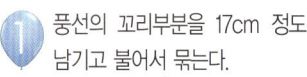
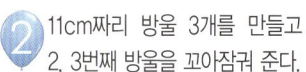

3. 첫 번째 방울을 풍선 입구를 잡고 반대쪽 매듭에 통과시켜 묶는다.

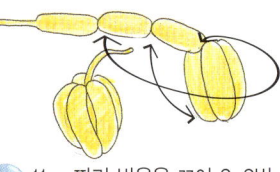

4. 11cm짜리 방울을 꼬아 2, 3번 방울 사이로 밀어 끼우듯이 고정해 준 다음 나머지 방울 1개를 반대편 아래쪽의 매듭에 풍선꼬리를 통과시켜 매듭에 묶어 끼아준다.

5. 1개짜리 바나나는 노랑색 풍선 중간을 잘라 꼬리 끝부분부터 20cm 정도 불어서 풍선의 불어진 부분 위쪽을 묶어주면 된다.

레 몬

벌써 입안에 침이 고이죠. 세상에서 가장 상큼하고 새콤한 레몬!

이렇게 만드세요

1. 350(점보풍선)의 끝을 10cm 정도 자른다.

2. 풍선을 꼬리부분을 그림과 같이 조금 남기고 레몬 크기로 불어 묶는다.

네잎클로버

우리집엔 언제나 행복과 행운이 가득할 거예요. 왜냐구요? 항상 행운의 네잎클로버를 만들어 놓거든요.

이렇게 만드세요

 6인치 하트풍선 2개를 불어서 묶는다.

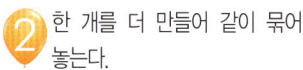

 한 개를 더 만들어 같이 묶어 놓는다.

 풍선을 5cm 남기고 불어서 묶는다.

 3cm 방울을 만들어 튤립 꼬기를 하고 20cm 방울 밑에서 10cm 고리방울을 접어 꼬기로 연속해서 2개를 꼬아 꽃줄기를 만든다.

⑤ 만들어진 꽃줄기 끝부분에 하트풍선으로 만든 꽃을 묶는다.

풍선꽃

이렇게 만드세요

① 6인치 꽃풍선을 불어서 묶는다.

② 5인치 풍선 1개를 조그맣게 불어서 꽃풍선의 가운데 구멍으로 통과시킨다.

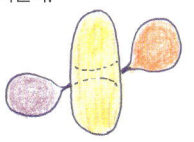

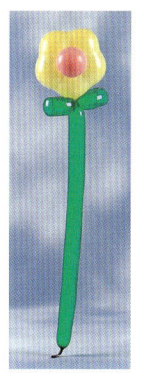

③ 5인치 풍선을 1개 더 같은 크기로 불어서 구멍을 통과한 다른 5인치 풍선에 같이 묶어준다.

④ 요술풍선으로 꽃잎과 줄기를 만들어 묶어준다.

토끼풀

귀여운 토끼의 맛있는 점심식사랍니다.

이렇게 만드세요

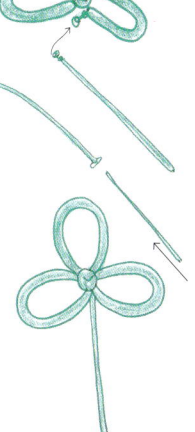

① 풍선을 3cm 남기고 불어서 묶는다.

② 튤립 꼬기로 3cm의 방울을 만들고 접어 꼬기로 같은 크기의 큰 고리를 3개 만들어 놓는다.

③ 불지 않은 풍선에 풍선스트로를 끼워넣고 묶는다.

④ 만들어진 스트로를 풍선고리와 같이 묶어준다.

다알리아

길고 큰 풍선꽃 여러 개 만들어서 예쁘게 리본으로 묶어주면 선물로도 충분하답니다.

이렇게 만드세요

① 풍선의 꼬리부분을 5cm 정도 남기고 불어서 바람을 약간 뺀 후에 입구와 풍선 꼬리부분을 같이 묶는다.

② 고리모양이 된 풍선을 겨드랑이에 끼고 풍선을 눌러 풍선꼬리부분까지 바람이 차도록 만든다.

③ 고리방울을 반 나누어서 중간을 꼬아준 후 두세 바퀴 돌려서 꼬임이 풀리지 않도록 한다.

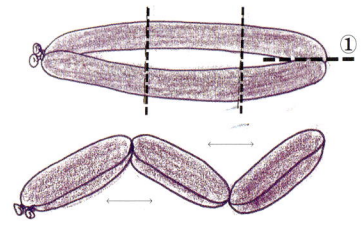

④ 같은 크기로 3등분하여 부채를 접듯이 지그재그로 접는다.

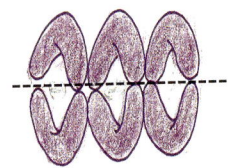

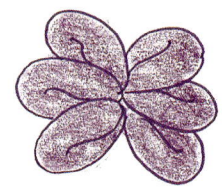

⑤ 꼬인부분을 안으로 누르며 한 손으로 잡고 다른 한손으로 돌려서 꽃잎을 완성한다.

> **힌트**
>
> 꽃잎의 길이는 6개의 잎사귀가 다 똑같은 길이로 만들어져야 됩니다. 쉽지 않으므로 연습을 많이 하여 예쁜 꽃을 만들어 보세요.

6️⃣ 줄기를 만들기 위해 다른 풍선을 3cm 정도 남기고 불어서 묶는다.

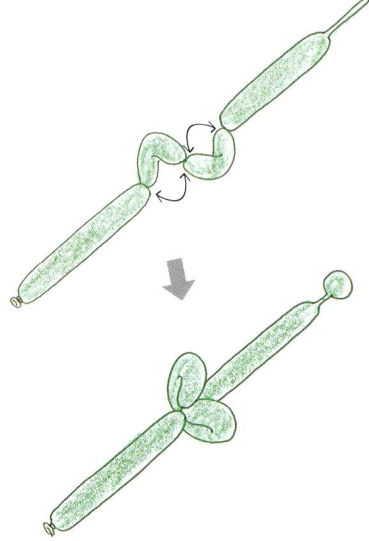

7️⃣ 중간부분에 잎사귀를 만들기 위해 접어 꼬기를 하여 8cm짜리 고리방울 2개를 만들어준다.

8️⃣ 꽃줄기 부분을 꽃잎 사이로 끼워서 꽃잎이 앞을 바라보게 한다.

힌트

다알리아꽃은 꽃잎만으로 만들어 벽에 양면테이프로 붙히면 멋진 파티장식의 일부가 되고 위의 그림과 같이 만들어 한쪽 벽면에 걸어두면 또한 환상적인 파티장식으로 활용됩니다. 또한 다발로 만든 다알리아는 셀로판지를 이용하여 줄기부분이 터지지 않도록 포장하고 리본으로 모양을 내면 개업 축하 꽃다발로도 사용할 수 있습니다.

겹꼬기 (꼬집어 꼬기)

겹꼬기는 말 그대로 꼬인부분을 한번 더 꼬아준다는 뜻으로 여러 가지 동물의 귀 모양을 만들고 일련의 방울들을 고정하거나 각도를 주기 위해 사용합니다.

① 7cm 방울을 만들고 2cm 방울을 만든다.

② 2cm 방울이 가운데 오도록 그림과 같이 접는다.

③ 2cm 방울을 오른손 엄지와 검지로 위로 당겨주면서 방울을 꼬집듯이 3회 정도 꼬아준다.

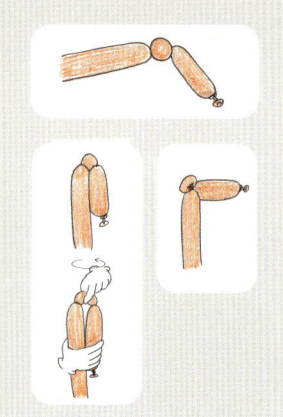

물고기

우리집엔 어항이 없답니다. 하지만 풍선 물고기는 어디에서든 살 수 있답니다.

이렇게 만드세요

① 풍선의 꼬리부분을 5cm 정도 남기고 불어서 묶는다.

② 30cm 정도 위치에 2cm 방울을 불어서 겹꼬기(꼬집어 꼬기)를 하고 연이어 3cm 방울을 만들어 같은 위치에 겹꼬기 방울을 하나 더 만들고 상, 하로 위치를 잡아 윗입술과 아랫입술을 만든다.

③ 11cm 방울을 꼬아서 물고기의 얼굴을 만들고 2cm 방울 2개를 연이어 겹꼬기를 사용하여 겹꼬기 방울 2개를 만들고 양옆으로 위치시켜 물고기의 눈을 만들어준다.

④ 풍선의 긴 방울 2개의 길이를 조정하여 물고기 몸통을 만든 다음 물고기의 꼬리부분을 남기고 꼬아잠근다. 필요한 경우에 꼬리부분 꼬아준 위치에 겹꼬기 2개를 만들어 양쪽에 위치하게 하여 꼬리모양이 흐트러지지 않도록 한다.

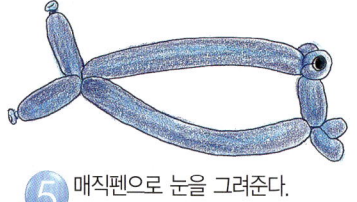

⑤ 매직펜으로 눈을 그려준다.

엑스컬리버 칼

악의 무리를 물리친 원탁의 기사들과 아더왕의 전설을 아시나요? 이 칼로 원탁의 기사가 되어 봅시다.

이렇게 만드세요

① 9cm 남기고 풍선을 불어서 묶는다.

② 11cm짜리 풍선방울을 만들고 손잡이 부분을 만들기 위해 연속해서 2cm짜리 방울 5개를 만들어 함께 꼬아잠근다

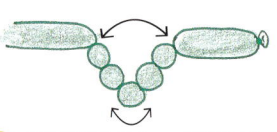

③ 3번째 중앙의 2cm 방울을 겹꼬기(꼬집어 꼬기)하여 풍선방울을 고정시킨다.

④ 반대쪽 손잡이 부분을 만들기 위해 위의 과정을 반복한다.

⑤ 칼날을 곧게 펴 준다.

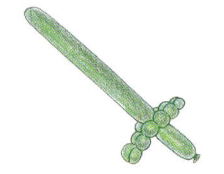

순록

산타할아버지의 설매를 끄는 루돌프사슴을 아시나요? 루돌프와 함께 산타할아버지를 만나볼까요?

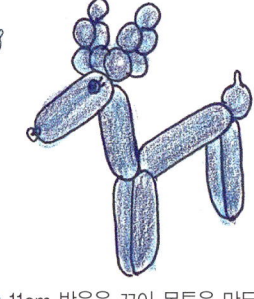

이렇게 만드세요

1. 풍선의 꼬리부분을 15cm 정도 남기고 불어서 묶는다.

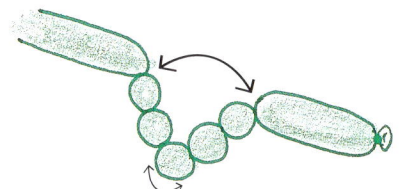

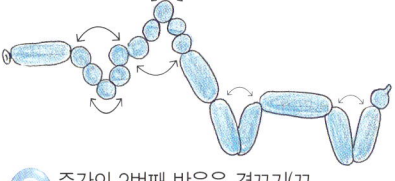

2. 7cm 풍선방울을 꼬아 얼굴을 만든 후 순록의 뿔을 만들기 위해 그림과 같이 2cm 방울 5개를 만들어 1, 5번째 방울을 같이 꼬아잠근다.

3. 중간의 3번째 방울을 겹꼬기(꼬집어 꼬기)하여 풀리지 않도록 한다.

4. 같은 방법으로 나머지 뿔도 만들어준다.

5. 7cm 방울을 꼬아서 목을 만들어주고 7cm 방울 2개를 더 꼬아서 잠그기를 하여 앞다리를 만든다.

6. 11cm 방울을 꼬아 몸통을 만든 후 7cm 풍선방울을 2개 더 꼬아 뒷다리를 만들고 고정방울을 꼬리 밑에 남겨 다리모양을 고정시킨다.

천리마

멋진 갈기를 날리며 천리를 단숨에 간다는 천리마를 만들어 달려 볼까요?

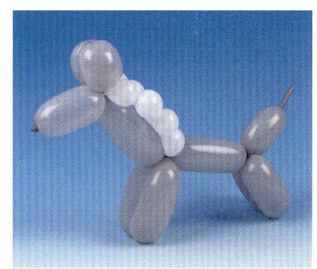

이렇게 만드세요

1. 풍선의 꼬리부분을 15cm 정도 남기고 불어서 묶는다.

2. 7cm 방울을 꼬아 얼굴을 만들고 3cm 방울을 2개 꼬아잠궈 귀를 만들어준다.

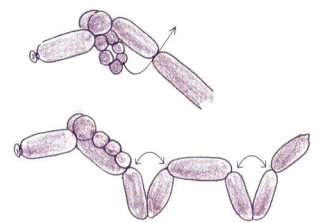

3. 2cm 방울 6개를 만들어 첫 번째와 마지막의 방울을 잠궈 갈기부분을 만든다.

4. 7cm 방울을 꼬아 목부분을 만들어서 6개의 방울 사이의 3, 4번째 사이로 아래에서 위로 통과시키며 끼워넣어 고정시킨다.

5. 9cm 방울 2개를 꼬아서 잠그기를 하여 앞다리를 만든다.

6. 11cm 방울을 꼬아 몸통부분을 만든 후 9cm 풍선방울을 2개 더 꼬아 뒷다리를 만들면 꼬리 끝의 나머지 부분은 말의 꼬리가 된다.

7. 뒷다리모양이 흐트러지지 않도록 조그만 고정방울을 꼬리 밑에 남겨 모양을 고정시킨다.

겹꼬기가 포함된 여러방울꼬기

이제부터 조금 복잡하고 힘든 기법을 배워보자.

곰인형의 모양을 만들 때 얼굴부분은 6개의 풍선방울을 만들어 한번에 잠그기를 해야 되므로 이제부터는 첫 번째 방울을 왼손 새끼손가락과 약지손가락 사이에 확실히 끼워놓고 작업하여야 작업 도중 풍선방울이 풀리는 일을 방지할 수 있다. 또한 한 가지 동물에 많은 방울을 만들어야 함으로 꼬리부분을 10cm 이상 충분히 남겨서 작업하는 것이 좋다.

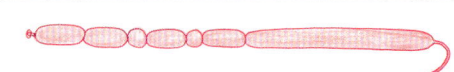

❶ 7cm 방울을 꼬은 후 5cm, 2cm, 5cm, 2cm, 5cm의 순서대로 5개의 방울을 만들어 그림과 같이 처음과 끝을 함께 꼬아잠근다.

❷ 처음의 7cm 방울을 여러 개 방울로 만들어진 고리에 반만 통과하도록 끼워넣고 볼과 이마의 5cm 방울을 왼손으로 조여주면서 2번째의 2cm짜리 방울의 양쪽을 왼손 엄지와 검지로 누르며 겹꼬기(꼬집어꼬기)를 하여 곰인형의 귀를 만들고 같은 방법으로 4번째 2cm 방울을 겹꼬기하여 곰인형의 양쪽 귀를 만든다.

곰인형

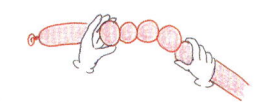

오랫동안 이 세상 모든 어린이들에게 꿈과 희망을 주고 최고의 인기를 누리는 곰인형. 사랑하는 자녀들에게 사랑을 듬뿍 담아 선물해 보세요.

이렇게 만드세요

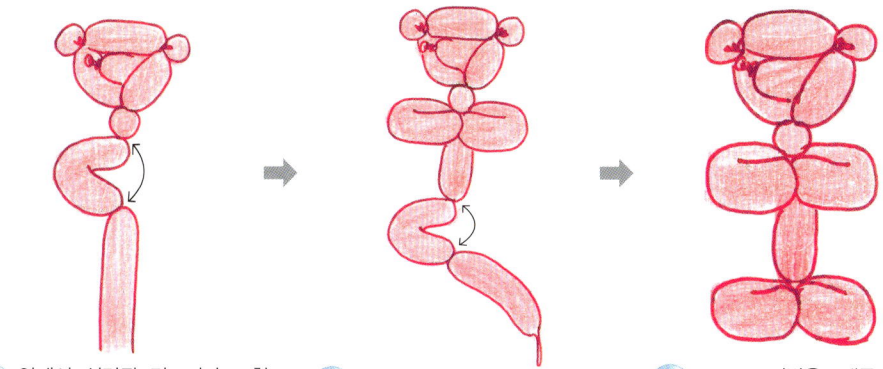

① 앞에서 설명된 겹꼬기가 포함된 여러 개 방울꼬기를 사용하여 곰인형의 얼굴을 만든다.

② 11cm짜리 고리방울을 접어 꼬기로 만들거나 S-자 꼬기를 사용하여 양팔을 만든다.

③ 4cm 고리방울 2개를 접어 꼬기로 만들어 잠그기를 하여 곰인형의 뒷다리를 만들고 고정방울을 꼬리 밑에 남겨 모양을 고정시킨다.

응용

사자

밀림의 왕! 사자.

늘 위엄있고 무서운 모습으로 인식되어 있지만 풍선으로 만드는 사자는 어린이에게 가장 친한 친구랍니다.

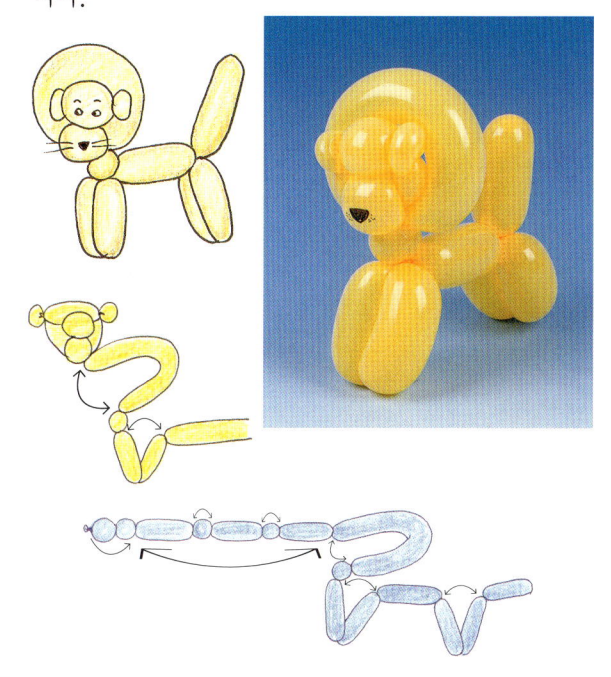

 **힌트**

요술풍선은 쉽게 바람이 빠지거나 보관이 어렵다구요?
얇은 철사를 가지고 아래 그림과 같이 구부린 다음 윗부분의 철사 끝부분에 요술풍선이 닿아 터지지 않게 테이프로 감싸준다. 그리고 요술풍선을 만들어 꼬임부분을 철사의 끝부분에 끼워 그늘진 곳에 놓아두면 바닥에 쓰러지지도 않고 예쁜 색 색깔의 동물과 자전거 등을 오랫동안 감상하실 수 있답니다

말아넣기

❶ 9cm 방울을 3개 만들어 2, 3번째 방울을 꼬아잠궈 준다.

❷ 9cm 방울을 1개 더 만들어 함께 꼬아잠근 2개의 방울 사이에 나란히 놓고 2개의 방울을 양쪽으로 돌리면서 안으로 말아넣어서 완전히 통과시켜 준다.

❸ 방울의 길이를 짧게 하면 좀더 동그랗고 원형의 몸통이 되고 방울의 길이를 길게 하면 길쭉한 새의 몸통이 되므로 필요한 길이로 방울을 만들어 말아넣기를 하도록 한다.

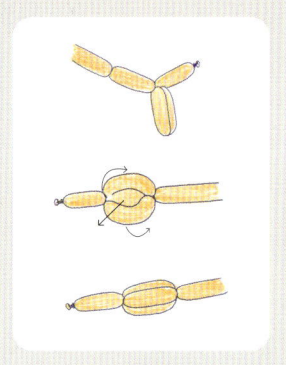

앵무새 I

사람의 말을 잘 따라하는 앵무새를 만들어 볼까요?

이렇게 만드세요

❶ 풍선의 꼬리부분을 7cm 정도 남기고 불어서 묶는다.

❷ 2cm 방울을 만들고 이어서 3cm 방울을 만들어 풍선 입구와 3cm 방울을 꼬아잠근다.(풍선 입구를 풍선방울 사이로 통과시켜 풀리지 않도록 한다.)

❸ 11cm 방울 2개를 만들어 꼬아잠궈 준다.

❹ 같은 크기의 11cm 풍선방울을 만들어 꼬아놓은 2개의 11cm 풍선방울 사이로 돌리면서 말아 넣는다.

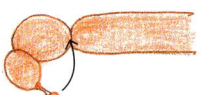

❺ 3cm 방울 2개를 만들어 꼬아잠궈 새의 발을 만들고 나머지 풍선방울을 반 접어 풍선꼬리를 잡아당겨 새의 발꼬임 부분에 같이 꼬아잠궈 발 사이로 통과시켜 풀리지 않도록 해준다.

❻ 길게 불어진 막대풍선의 1/3지점에 겹꼬기(꼬집어 꼬기) 방울을 만들어 ㄱ-자로 만든다.

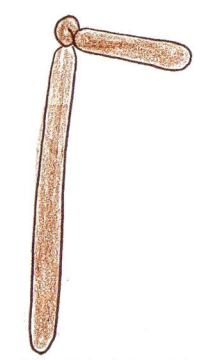

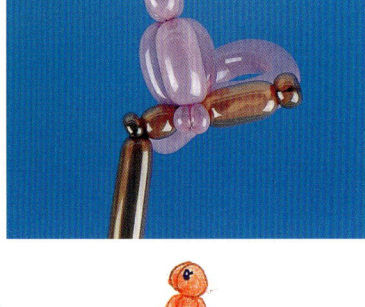

❼ 짧은 부분의 중간에 그림과 같이 앵무새의 두 발을 같이 꼬아주고 위치를 잡아준다.

힌트

풍선의 입구나 풍선의 불리지 않은 꼬리부분을 꼬아서 잠궈 줄 때는 두 바퀴 정도 꼰 후 풍선방울 사이로 통과시켜주면 풀리지 않습니다.

앵무새 Ⅱ

흔들흔들 그네에 앉은 앵무새가 조잘조잘…. 무슨 할 이야기가 많은지 계속 같이 놀자고 합니다.

이렇게 만드세요

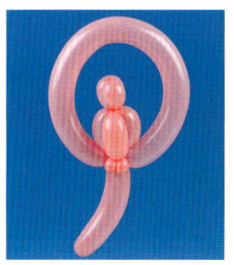

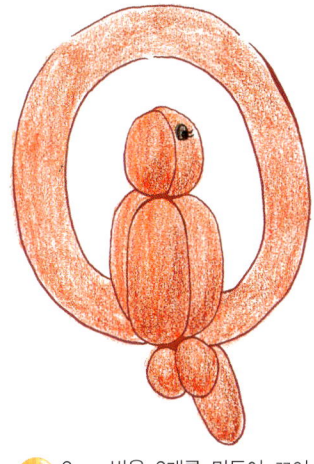

① 풍선의 꼬리부분을 7cm 정도 남기고 불어서 묶는다.

② 2cm 방울을 만들고 이어서 3cm 방울을 만들어 풍선 입구와 3cm 방울을 꼬아잠근다. (풍선 입구를 풍선방울 사이로 통과시켜 풀리지 않도록 한다.)

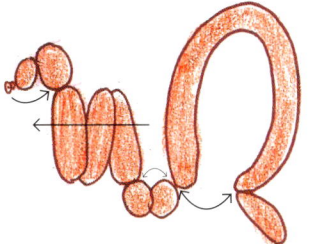

③ 11cm 방울을 3개 만들어 말아넣기를 한다.

④ 3cm 방울 2개를 만들어 꼬아 잠궈 새의 발을 만들고 새의 머리 위로 커다란 고리를 만들어 그림과 같이 잠궈 준다.

원앙

원앙처럼 부부와 연인 간의 따뜻한 사랑을 느껴보세요.

이렇게 만드세요

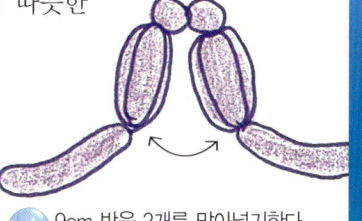

① 풍선의 꼬리부분을 9cm 남기고 불어서 묶는다.

② 11cm 방울을 3개를 말아넣기한다.

④ 9cm 방울 3개를 말아넣기한다.

⑤ 그림과 같이 꼬리부분을 잠궈 준다.

⑦ 사진과 같이 원앙의 꼬리가 연결된 부분에 끼워서 잠궈 준다.

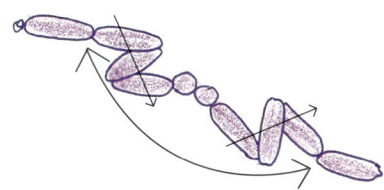

③ 3cm 방울 2개 만들어 머리를 만든다.(이때 작업 중에 머리부분의 풍선방울이 풀어져도 나중에 발부분을 꼬아잠그기 전에 다시 꼬아주면 된다.)

⑥ 막대풍선을 2cm 남기고 불어 고리를 만든다. 중앙을 아래로 접어서 양손으로 양옆을 주무르며 하트모양을 만들어준다.

힌트

풍선은 불어진 상태에서 풍선을 접어서 손바닥을 사용해 짜듯이 감싸서 같은 힘으로 주물러 주면 원하는 형태로 모양이 잡혀집니다. 새의 머리부분이나 하트모양 등을 만들어줄 때 자주 사용하게 됩니다.

비둘기

우리에게 가장 친숙하고 평화의 상징인 비둘기를 만들어 봅시다.
인류의 평화를 위하여….

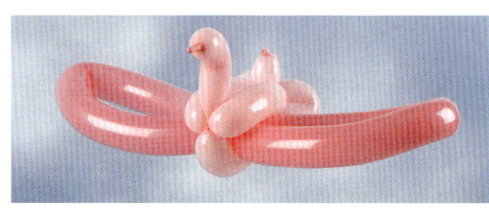

이렇게 만드세요

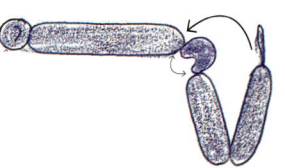

① 말아넣기로 몸통을 만들고 스퀴즈 기법으로 부리를 만든다.

② 커다란 고리를 만들어 그림과 같이 2개의 작은 고리로 나누어 날개를 만들고 몸통에 위로 2개, 아래에 1개의 방울이 위치하도록 하여 끼워넣는다.

총 I

총은 위험해 보이죠? 이 풍선으로 만든 총은 하나도 위험하지 않답니다.

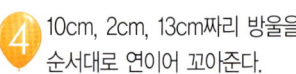

이렇게 만드세요

① 풍선의 꼬리부분을 11cm 정도 남기고 불어서 묶는다.

② 풍선 입구 부분에 3cm짜리 튤립 꼬기를 만들고 15cm 방울을 꼬아서 총열을 만든다.

③ 접어 꼬기로 5cm짜리 고리방울을 만들어준다.

④ 10cm, 2cm, 13cm짜리 방울을 순서대로 연이어 꼬아준다.

⑤ 남은 꼬리부분을 5cm짜리 고리방울에 꼬아잠그고 남는 풍선을 제거한다.

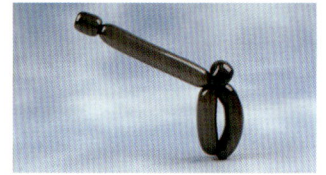

총 II

이렇게 만드세요

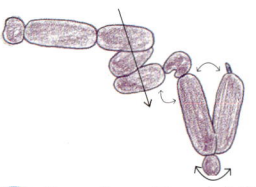

① 풍선의 꼬리부분을 11cm 정도 남기고 불어서 묶는다.

② 풍선의 입구 부분에 3cm짜리 튤립 꼬기를 만들고 15cm 방울을 꼬아서 총열을 만들고 7cm 방울 3개를 말아넣기하여 탄창부분을 만든다.

③ 접어꼬기를 하여 5cm 고리방울을 만든다.

④ 15cm, 2cm, 17cm짜리 방울을 연이어 꼬아주고 풍선의 꼬리부분을 접어 꼬기로 만들어진 고리방울 밑에 꼬아잠근다.

⑤ 총의 손잡이 아래에 있는 2cm 방울을 겹꼬기하여 잠근다.

힌트

1) 풍선꼬기를 할 때 접어 꼬기 사이로 통과시킬 풍선방울이나 겹꼬기할 풍선방울 등은 손바닥으로 한 번 살짝 쥐어주고 난 후 꼬면 풍선방울이 말랑말랑하고 팽팽해져서 터지는 것을 피할 수 있습니다.

2) 모든 새 종류의 몸통은 말아넣기로 만들 수 있고 집에서 아이들과 함께 새로운 새들을 만들어 보세요.

PART 2

파티를 위한 예쁜 모자 만들기

기본모자 I

이렇게 만드세요

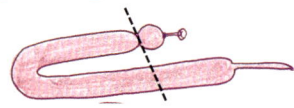

1. 풍선의 꼬리부분을 3cm 정도 남기고 불어서 묶는다.
2. 3cm 방울을 꼬아 만든 후 머리크기만한 고리를 만들어 꼬아준다.
3. 직선부분의 풍선방울을 위로 세워준다.

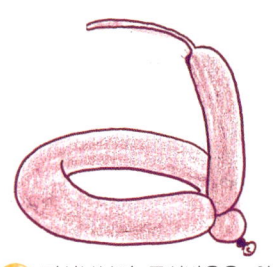

기본모자 II

이렇게 만드세요

1. 풍선의 꼬리부분을 3cm 정도 남기고 불어서 묶는다.
2. 3cm 방울을 꼬아 만든 후 머리 둘레만한 커다란 고리를 만들어 꼬아준다.

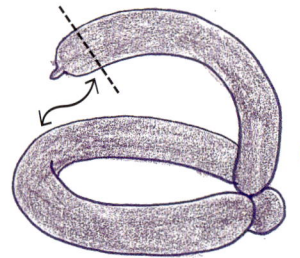

3. 양손으로 길다란 방울 전체를 눌러 꼬리 끝까지 공기를 채워준다.
4. 꼬리 끝부분에 3cm 방울을 만들어 커다란 고리의 뒤쪽 반대편에 그대로 2~3회 꼬아준다.

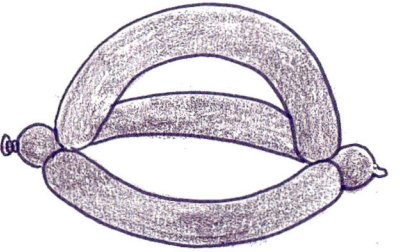

사이클모자

이렇게 만드세요

1. 기본모자 II를 만든다.
2. 2cm 남기고 분 긴 막대풍선의 중간을 앞쪽 3cm 방울에 함께 꼬아준다.

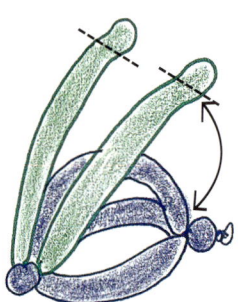

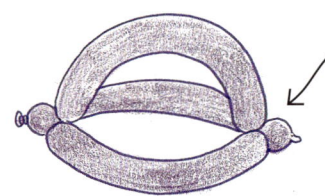

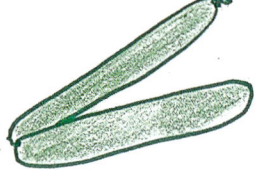

3. 풍선의 양끝을 뒤쪽 3cm 방울에 같이 연결해 준다.

꽃모자

생일파티에 즐거운 마음으로 꽃모자를 쓰고 놀아봅시다.

이렇게 만드세요

1. 기본모자 Ⅰ을 만든다.

2. 큰꽃 만들기의 꽃잎을 하나 만든다.

3. 기본모자의 꼬리부분에 3cm 방울을 만든 후 꽃잎 가운데로 끼워넣는다.

4. 꽃잎 사이에 줄기가 위치하도록 끼워준다.

하트모자

사랑의 하트모자! 내 마음속의 사랑을 모자에 담아 누구에게 선물할까요?

이렇게 만드세요

1. 풍선의 꼬리부분을 5cm 정도 남기고 불어서 묶는다.

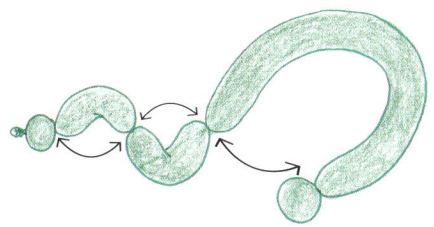

2. 10cm 짜리 고리방울을 2개를 만들어 풍선 입구와 한 곳에 꼬아잠궈 준다.

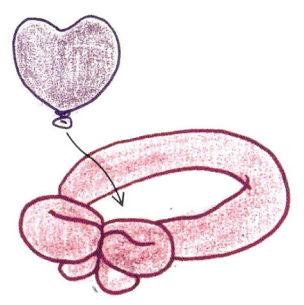

3. 커다란 고리를 만들고 3cm 방울을 만들어 고리방울이 있는 곳에 함께 꼬아준다.
3cm 방울 2개가 아래로 가도록 한 후에 6인치 하트풍선을 불어 양쪽 고리 사이에 묶어준다.

> **힌트**
>
>
>
> 모자를 만들 때 커다란 고리를 아이의 머리에 맞게 한 바퀴 감아서 머리보다 조금 넉넉하게 만들어 꼬아준다.

삐에로모자

장난꾸러기 삐에로 아저씨! 풍선으로 만든 모자를 쓰고 있지요.

이렇게 만드세요

1. 풍선 3개를 꼬리부분을 9cm 정도 남기고 불어서 묶는다.

2. 그림과 같이 풍선의 25cm 정도 위치에 서로 다른 풍선을 꼬리에 꼬리를 물듯이 꼬아잠궈 준다.

3. 나머지 직선부분의 풍선을 위로 세워 한 곳을 잡고 점선부분을 함께 꼬아준다.

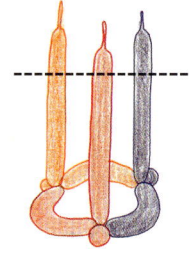

4. 3개의 방울 끝을 밀어올리기를 해준다.

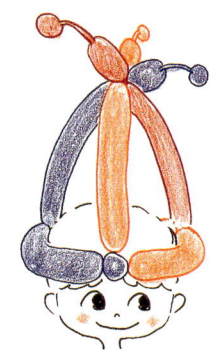

꽈배기모자

빙빙 꼬인 꽈배기모자 먹음직스럽다고 해서 먹으면 큰일나요.

이렇게 만드세요

1. 기본모자Ⅱ를 만든다.

2. 풍선 3개를 3cm 정도 남기고 불어 놓는다.

3. 3개 풍선을 주입구 3cm되는 부분을 왼손으로 잡고 오른손으로 돌려 꼬아잠궈 준다.

4. 길다란 부분을 여자아이 머리 땋듯이 교차하면서 땋아준다.

5. 풍선의 꼬리부분을 3개를 한 곳에 모아 꼬아잠궈서 풀리지 않도록 한다.

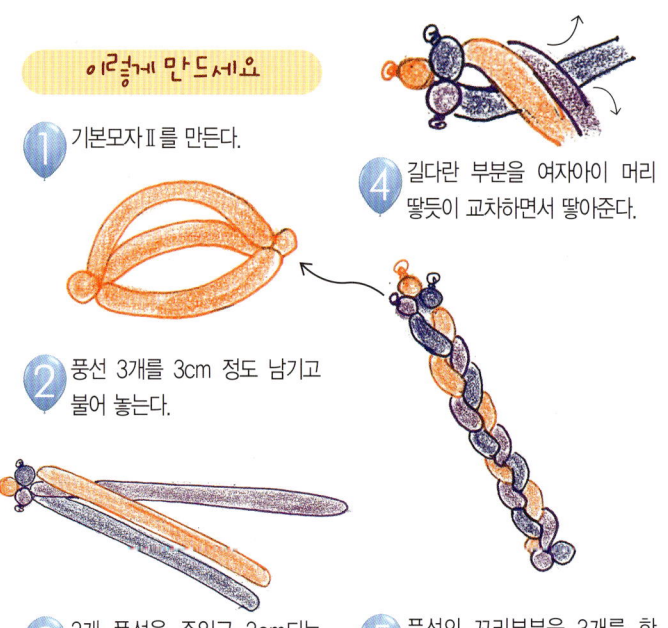

6. 땋아진 풍선을 기본모자의 앞, 뒤 3cm 방울부분에 같이 꼬아 준다.

테엽모자

이 테엽모자는 조금만 변형시켜도 프로펠라, 코끼리 모자로 바꿀 수 있답니다. 아이들에게 여러 가지로 변화하는 신기한 풍선 세상을 가르쳐 주세요.

이렇게 만드세요

1. 기본모자 II를 만든다.

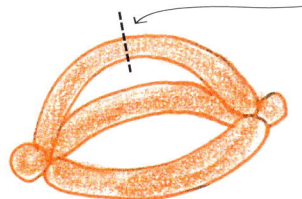

2. 풍선의 꼬리부분을 2cm 정도 남기고 불어 커다란 고리를 만들어 그림과 같이 2개의 작은 고리를 8자형으로 만든다.

3. 모자 중간의 기다란 풍선방울 중앙에 8자 고리의 매듭부분을 꼬아준다.

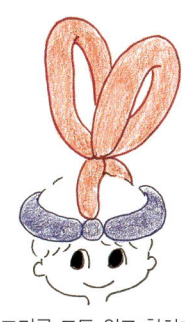

4. 고리를 모두 위로 향하게 한다.

변형1
프로펠러모자

🎈 8자형의 고리를 양옆으로 평평하게 하면 하늘을 날아다니는 헬리곱터에 날개가 달린 프로펠러 모자가 된다.

변형2
코끼리귀모자

🎈 8자형의 고리를 그림과 같이 아래로 향하게 하면 커다란 코끼리에 늘어진 커다란 귀가 된다.

달팽이모자

신밧드의 모자 같다구요? 아니예요. 달팽이 모자랍니다.

이렇게 만드세요

① 2개의 풍선을 똑같이 풍선꼬리 부분을 10cm 정도 남기고 불어서 묶는다.

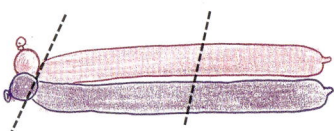

② 풍선 입구 부분을 그림과 같이 함께 꼬아준다.

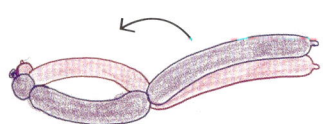

③ 머리가 들어갈 수 있게 커다란 2개의 방울을 남기고 꼰다.

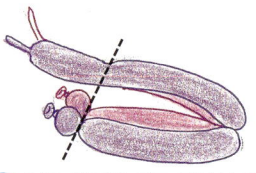

④ 남은 방울을 위로 접어서 풍선 입구 부분에 위치시킨다.

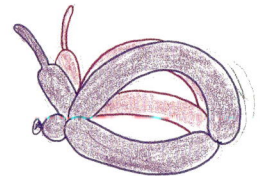

⑤ 꼬리 끝에서 약 15cm 정도 남기고 그림과 같이 함께 꼬아잠근다.

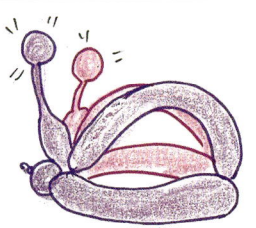

⑥ 꼬리 끝부분으로 밀어올려 달팽이의 눈 부분을 만든다.

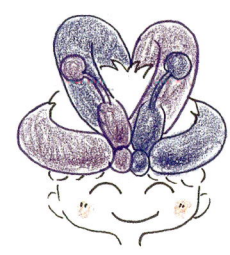

PART 3
요술풍선 고급 응용편

요술풍선 고급 응용편

🎈 260(막대풍선)을 이용한 작품 만들기

꽃게

짤깍짤깍 가위손 빨간 꽃게가 바닷가에서 옆걸음으로 서로 경주하고 있어요.

이렇게 만드세요

① 20cm 정도 남기고 불어서 묶는다.

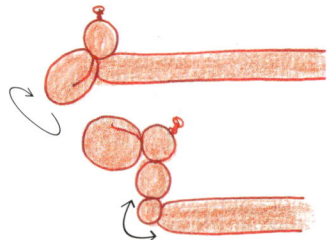

② 접어 꼬기로 3cm 고리방울을 만든다.

③ 4cm 방울을 게의 앞팔을 만들고 2cm 방울을 만들어 겹꼬기하여 관절을 만든다.

④ 5cm짜리 방울을 만들어 위쪽 팔을 만들고 2cm 방울을 만들어 겹꼬기한다.

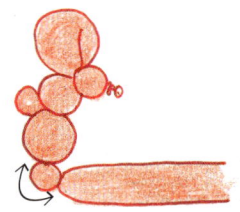

⑤ 10cm 방울을 만들고 2cm 방울을 만들어 겹꼬기(꼬집어꼬기)를 한다.

⑥ 20cm짜리 방울을 만들어 위쪽 팔부분의 겹꼬기 부분에 잠근다.

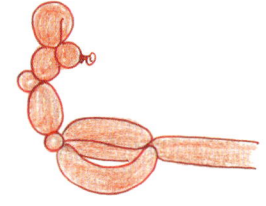

⑦ 다시 10cm짜리 방울을 만들어 반대편 겹꼬기 부분에 끈다.

⑧ 밑에서부터 꽃게의 반대쪽 팔을 역순으로 만든다.

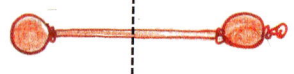

⑨ 눈을 만들어 게의 몸통부분에 꽂아서 고정시킨다.

눈사람

한겨울에 밀짚모자 꼬마 눈사람~. 너무 추워서 빨간 목도리를 지나가는 바람이 가져다 주었지요.

이렇게 만드세요

① 5cm짜리 튤립 꼬기를 만든다.

② 9cm 방울 3개를 만들어 말아넣기를 한다.

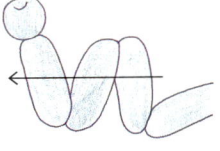

③ 11cm짜리 방울 4개를 2개씩 잠그기한 후 말아넣기를 하여 눈사람의 몸통을 만든다.

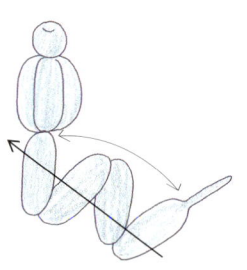

반지

공주님의 예쁜 액세서리를 만들어 보세요.
어때요? 너무 사랑스럽지요.

이렇게 만드세요

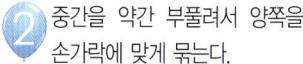

1. 5cm 풍선을 자른다.

2. 중간을 약간 부풀려서 양쪽을 손가락에 맞게 묶는다.

귀걸이

이렇게 만드세요

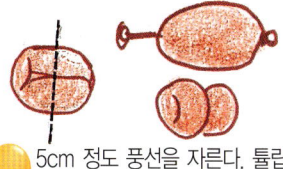

🎈 5cm 정도 풍선을 자른다. 튤립 꼬기하고 중간을 한 번 더 꼬아 준다.

6" 하트물고기

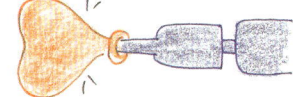

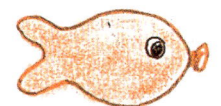

팔찌

이렇게 만드세요

1. 3cm 튤립 꼬기를 하여 튤립방울을 만들고 접어 꼬기 5개를 만들어 한 곳에 꼬아잠궈 준다.

2. 남은 방울의 공기를 뺀 후 고리를 만들어 묶어서 팔에 찰 수 있도록 만들어 준다.

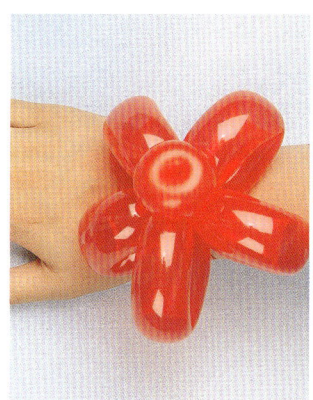

🎈 321(사과풍선)을 이용한 작품 만들기

앵무새

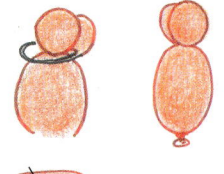

이렇게 만드세요

🎈 앵무새의 몸통과 부리를 사과풍선을 사용하여 좀 더 사실적으로 표현해 보자.

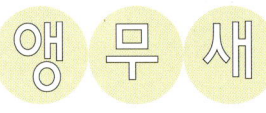
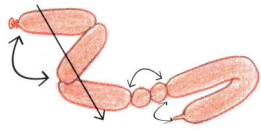
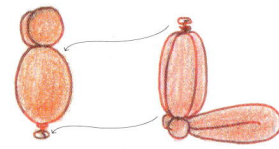
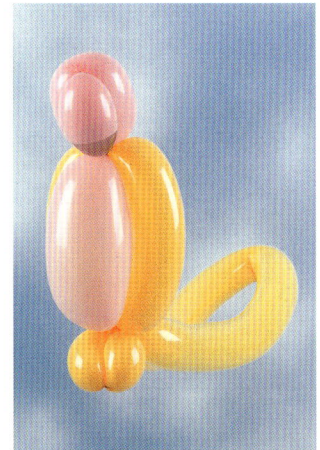

중국인형

이렇게 만드세요

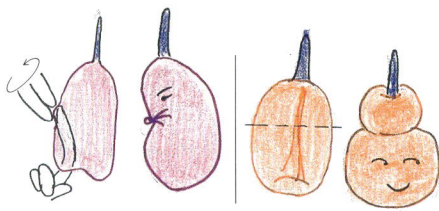

펭귄

이렇게 만드세요

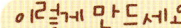

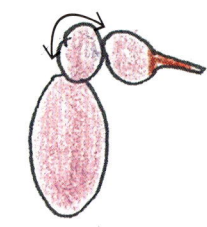
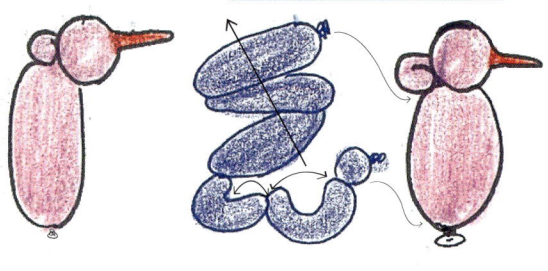

벌

이렇게 만드세요

🎈 2개짜리 고리를 만들어 사과풍선에 직접 꼬아준다.

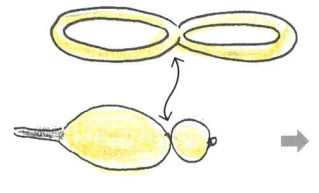

삐에로

서커스에서 너무너무 재미있는 연기로 우리들을 웃고 울리는 재미있는 삐에로 아저씨. 이제 집에 초대해서 함께 놀아요.

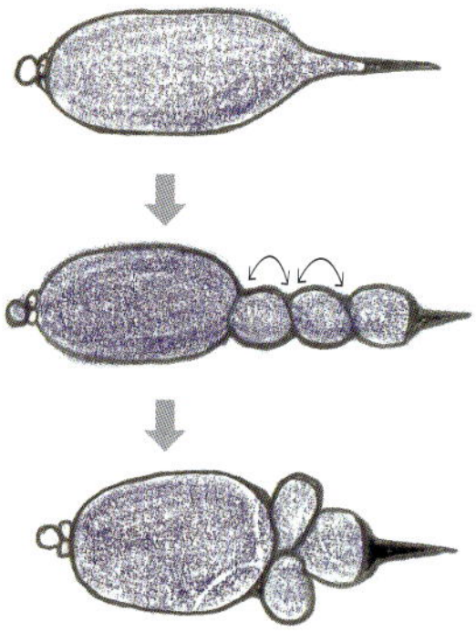

얼굴

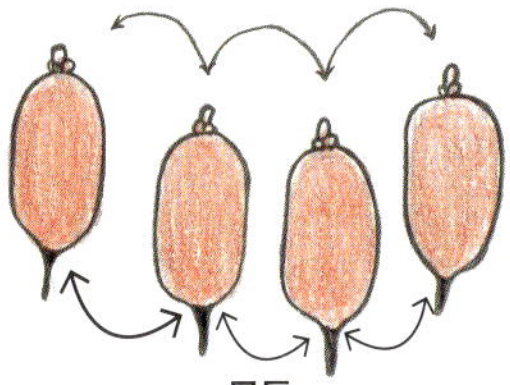

몸통

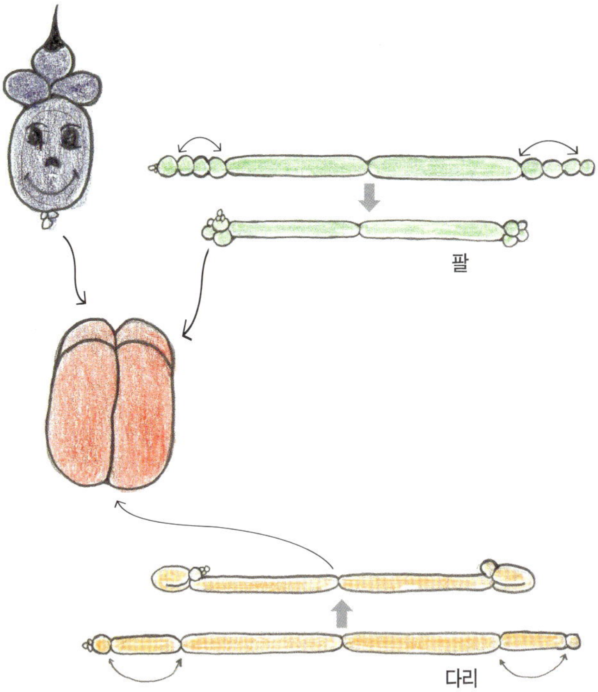

팔

다리

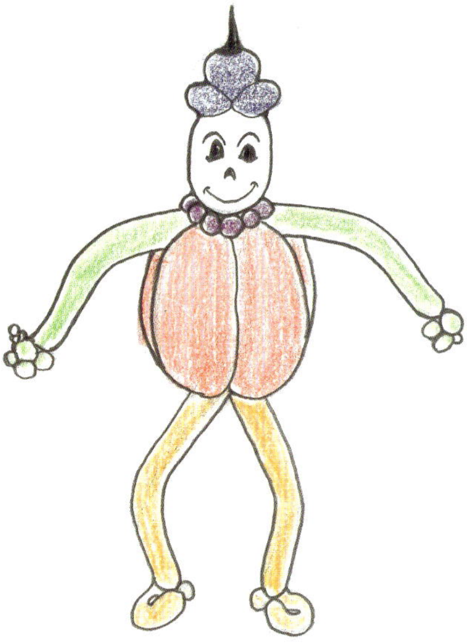

🎈 요술풍선으로 캐릭터와 파티장식용 작품 만들기

거미

이렇게 만드세요

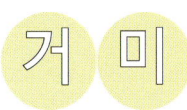

🎈① 2cm 방울을 만들고 풍선의 입구를 사용하여 겹꼬기하고 계속하여 2cm 방울을 만들어 같은 곳에 겹꼬기한다.

🎈② 7cm 방울 3개를 말아넣기한다.

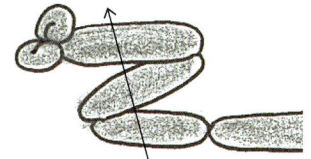

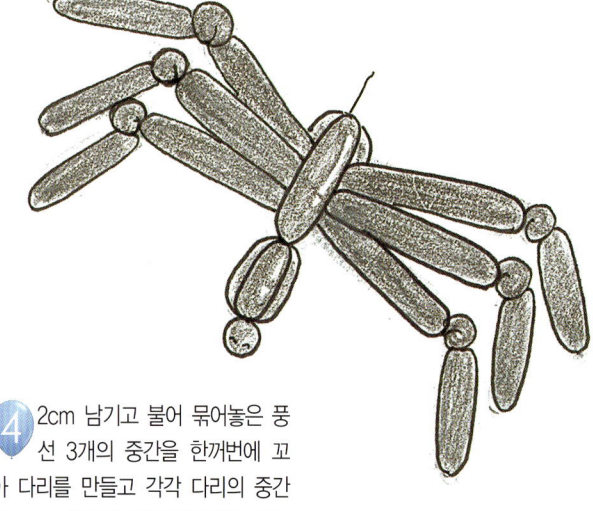

🎈④ 2cm 남기고 불어 묶어놓은 풍선 3개의 중간을 한꺼번에 꼬아 다리를 만들고 각각 다리의 중간에 3cm 방울과 겹꼬기 방울을 만들어 관절을 꺾어준다.

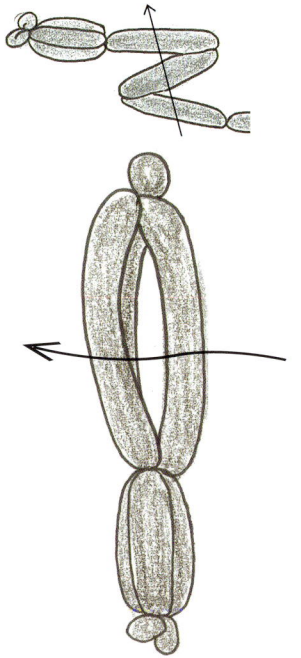

🎈③ 나머지 방울을 3등분하여 말아넣기하여 거미의 몸통부분을 완성한다.

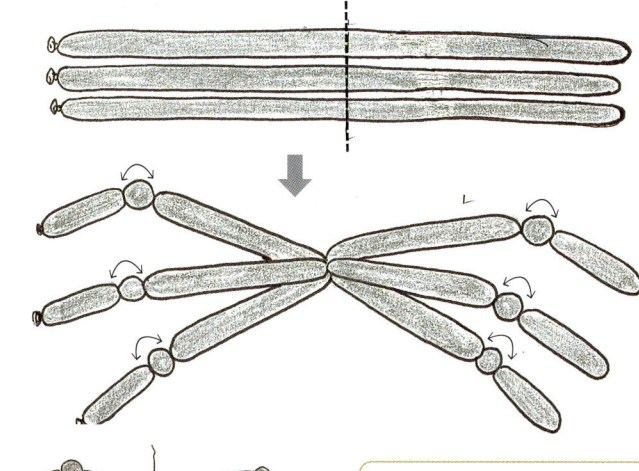

🎈⑤ 몸통 아래 길다란 말아넣기 안으로 통과시켜 중간에 위치하도록 조정한다.

힌트

꼬리부분에 흰실을 묶어 천장에 거꾸로 매달면 남자아이의 생일 파티장식에 유용한 공간 장식으로 활용됩니다.

자전거

이렇게 만드세요

① 길다랗게 분 풍선 중간을 다른 풍선으로 꼬아준다.

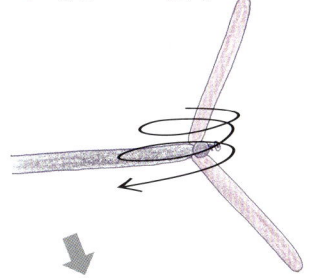

② 긴 풍선을 말아서 앞바퀴를 만든다.

④ 긴 풍선을 말아 뒷바퀴를 만들고 나머지 방울로 안장을 만든다.

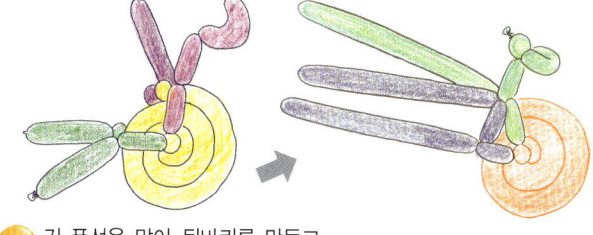

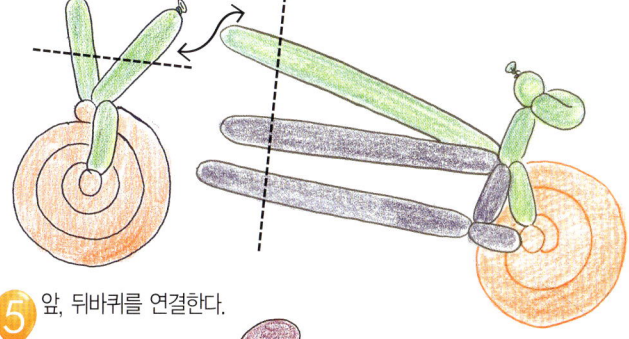

③ 긴 풍선 2개를 꼬아 다른 풍선으로 중간을 꼬아준다.

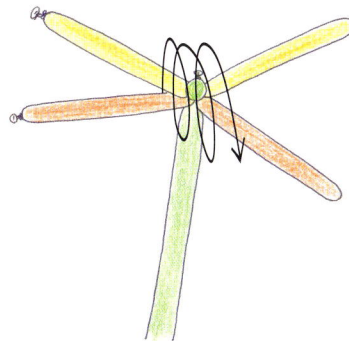

⑤ 앞, 뒷바퀴를 연결한다.

토끼

이 개구쟁이 토끼는 어린이들에게 인기가 많아 파티 장식에 자주 쓰인답니다.

이렇게 만드세요

1. 몸통을 만들 때 특히 풍선꼬리 부분이 모자라는 경우가 있으므로 비례와 사이즈의 조정에 특히 주의해야 한다.

2. 팔 부분은 중간에 겹꼬기를 해서 목 부분에 꼬아주지만 다리는 그냥 꼬기만 해서 몸통의 끝 부분 고정방울에 함께 꼬아주는 차이가 있다.

3. 몸통의 목부분에 팔을 연결해 주고 꼬리방울에 다리를 연결한다.

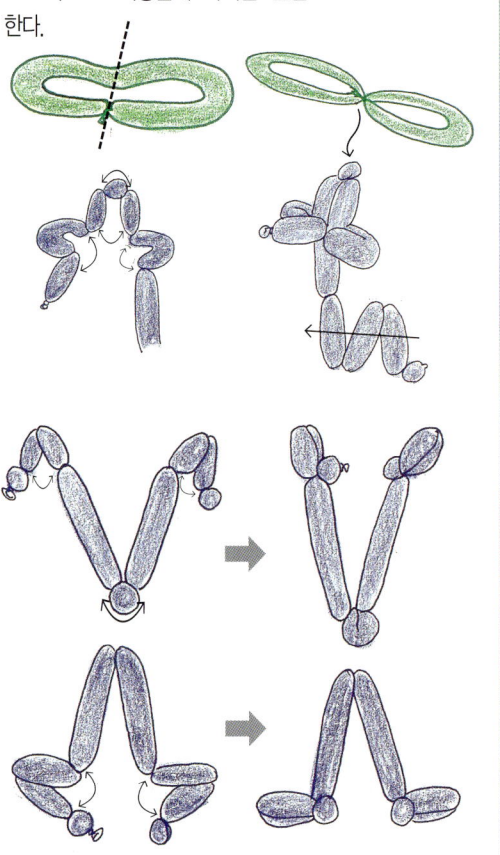

검정오리

이렇게 만드세요

🎈 이 오리를 한 번 만들어 보면 펠리컨, 독수리, 딱따구리 등 모든 종류의 새 모양 캐릭터는 부리 모양을 바꾸어서 얼굴 밑부분에 꼬아주면 만들 수 있으며, 여러 색의 풍선을 사용하거나 유성 매직펜을 사용해서 그 캐릭터의 특징을 살려 주면 된다.

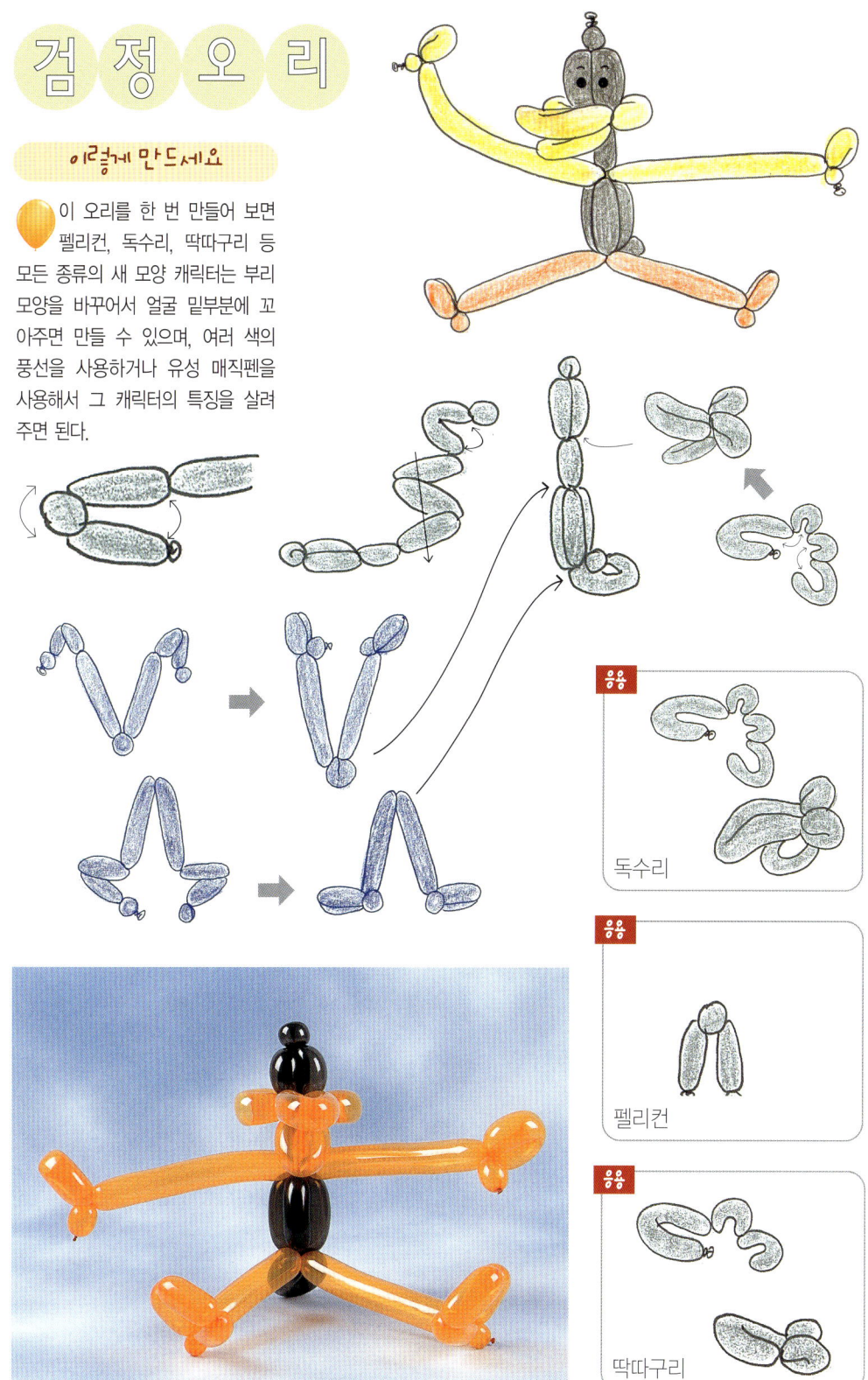

독수리

펠리컨

딱따구리

타조

커다란 타조를 타고 아프리카 사파리 공원을 바람처럼 달려 보세요.

이렇게 만드세요

 타조 캐릭터는 서서 뛰어가는 새 종류의 캐릭터를 모두 표현하는 기초적인 모양이다.
특히 날개의 모양과 부리의 모양을 바꿔서 여러 가지 캐릭터를 표현할 수 있다.

생 쥐

말썽꾸러기 귀여운 생쥐의 인물 캐릭터입니다.

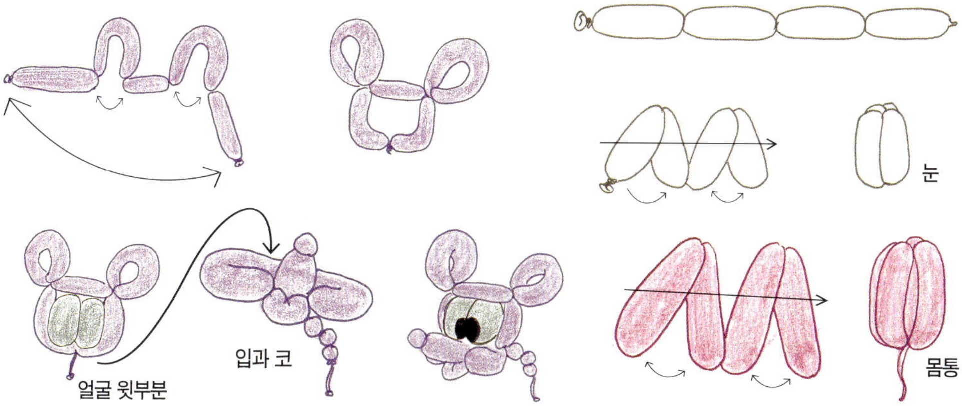

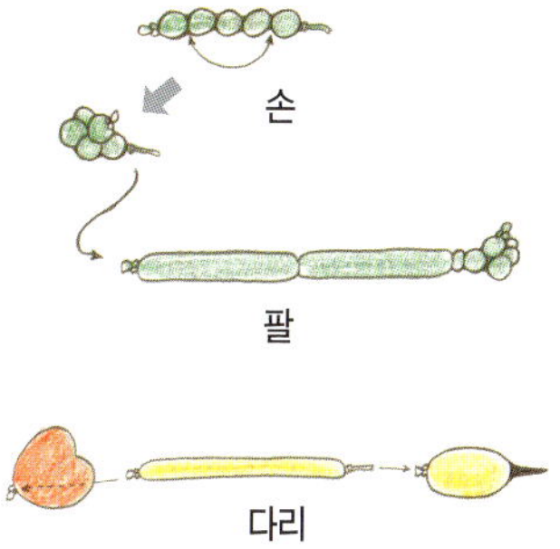

얼굴 윗부분

입과 코

눈

몸통

손

팔

다리

고양이

귀엽고 예쁜 고양이 캐릭터입니다.

이렇게 만드세요

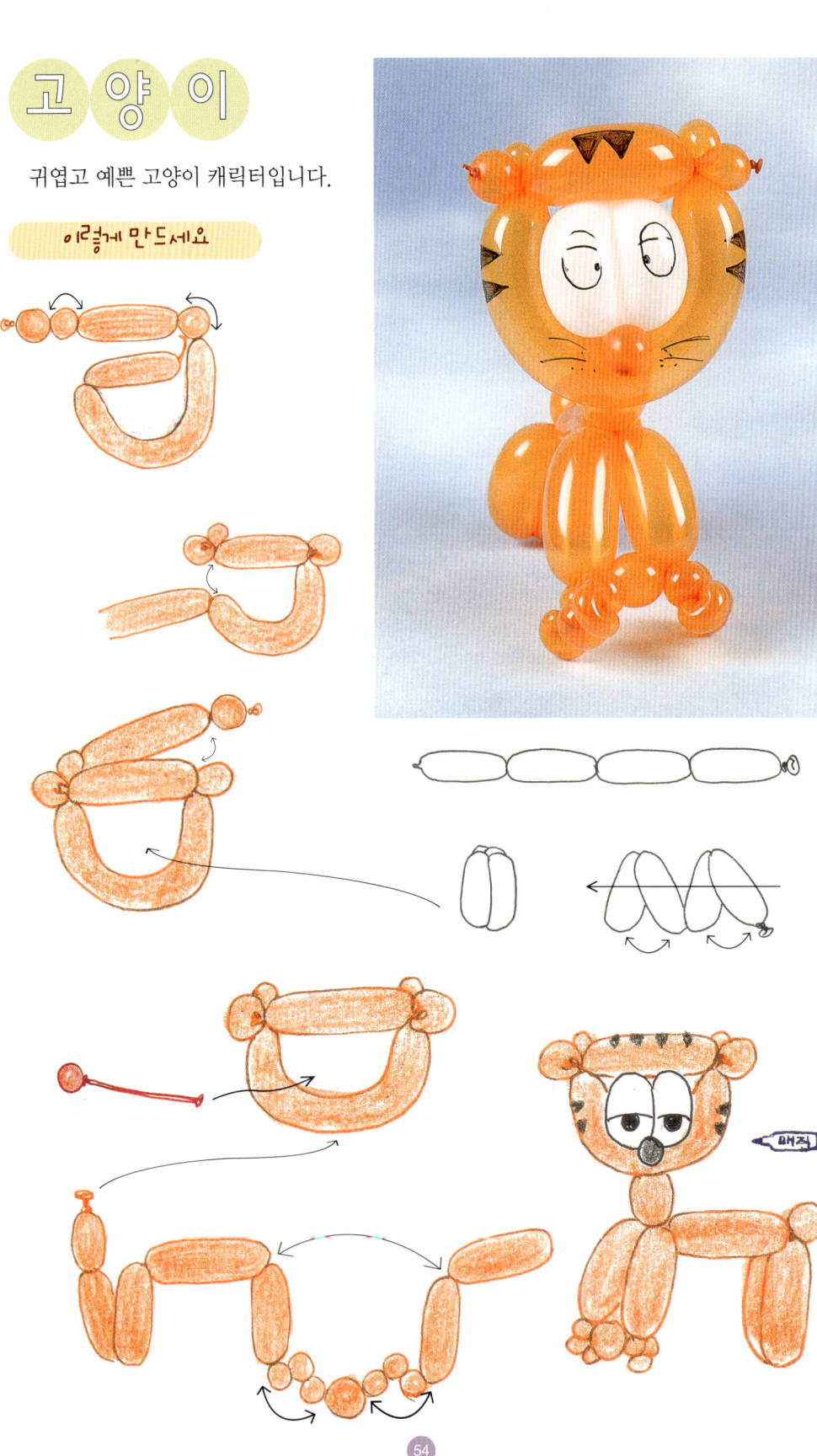

PART 4

요술풍선으로 배우는 즐거운 영어 ABC

요술풍선으로 배우는 즐거운 영어 ABC

🎈 아이와 함께 만들면서 배우는 영어알파벳 ABC

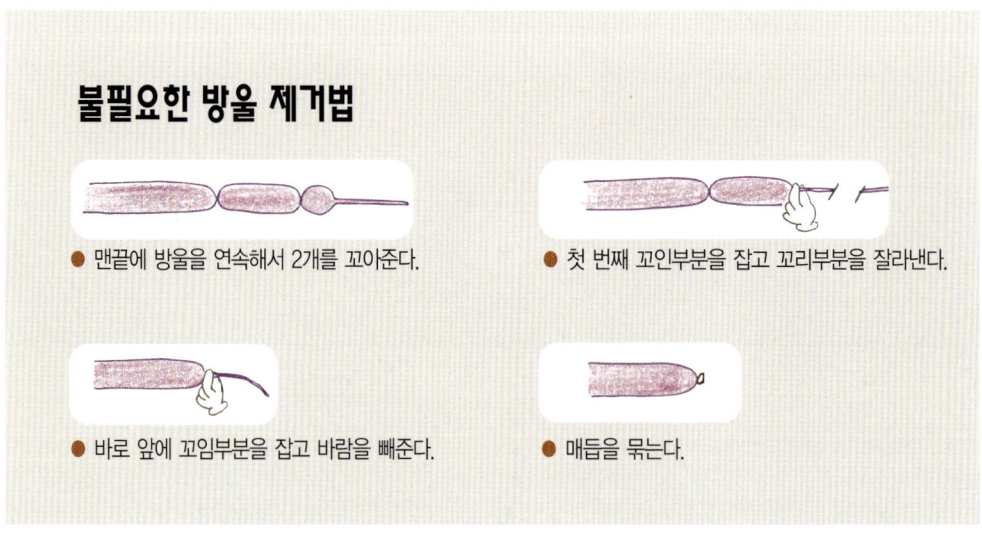

아이들과 재미있게 놀면서 공부해 보세요. 여러 색깔의 풍선으로 크고 작은 영어알파벳을 만들어 보는 즐거운 영어 시간은 아이들에게 영어에 흥미를 갖게 해줄 것입니다. 양면테입이나 접착제를 사용하여 벽에 붙혀 주세요.

A / Apple 〈애플〉 — 사과

B / Banana 〈바나나〉 — 바나나

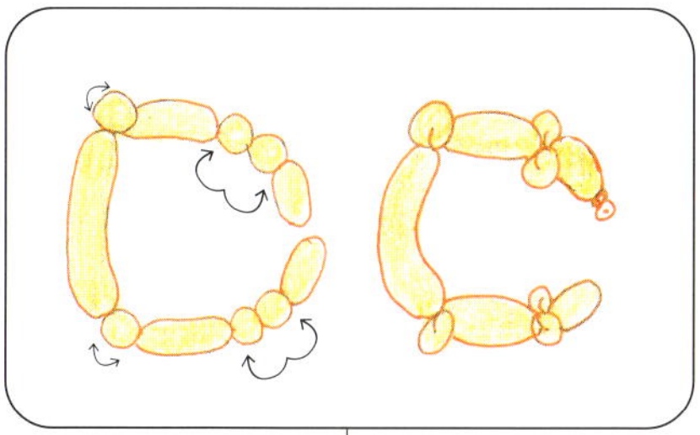

C / Cat 〈 캣 〉

고양이

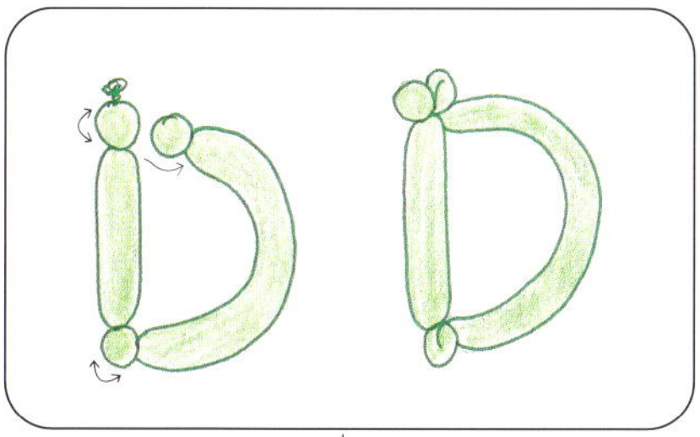

D / Dog 〈 독 〉

강아지

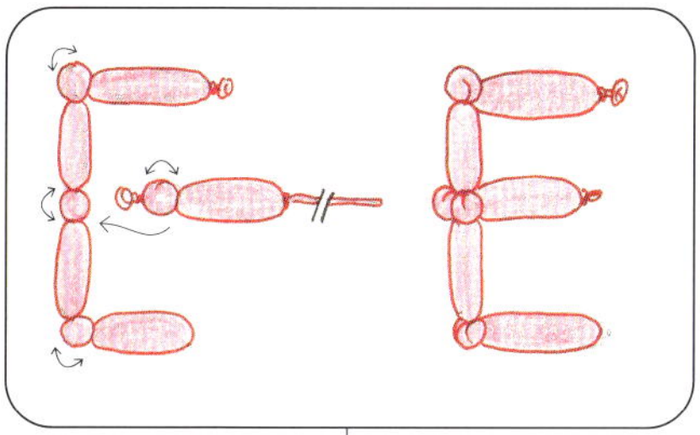

E / Elephant 〈 앨리펀트 〉

코끼리

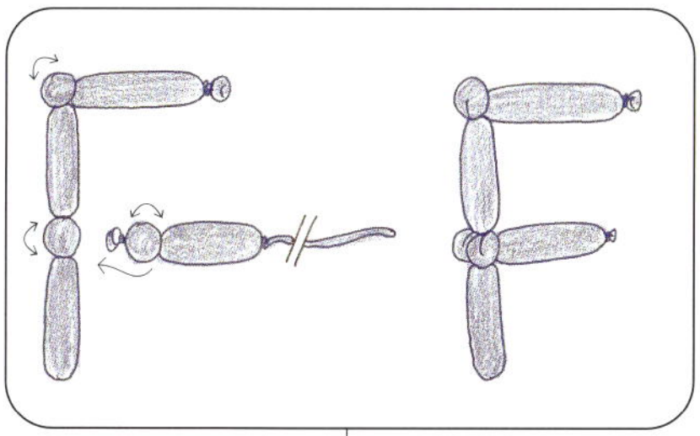

F / Flower 〈 플라워 〉

꽃

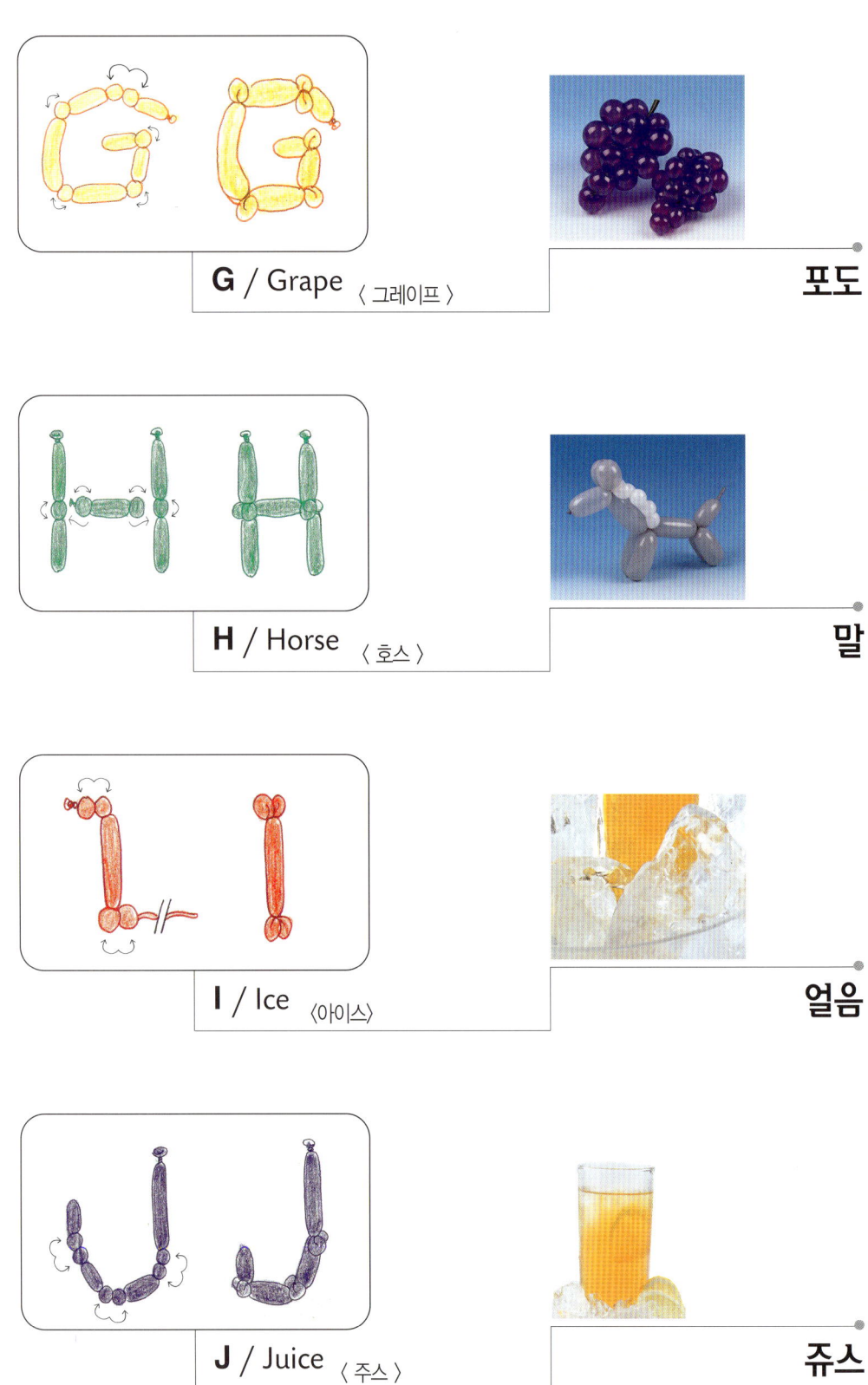

G / Grape 〈그레이프〉 포도

H / Horse 〈호스〉 말

I / Ice 〈아이스〉 얼음

J / Juice 〈주스〉 쥬스

K / Knife 〈 나이프 〉 칼

L / Lion 〈 라이언 〉 사자

M / Monkey 〈 몽키 〉 원숭이

N / Notebook 〈 노트북 〉 공책

O / Ostrich 〈 아스트리치 〉 　　타조

P / Penguin 〈 펭귄 〉 　　펭귄

Q / Queen 〈 퀸 〉 　　여왕

R / Rabbit 〈 래빗 〉 　　토끼

W / Wolf 〈 울프 〉

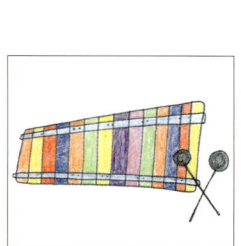

늑대

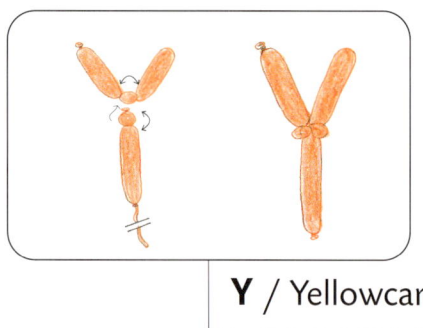

X / Xylophone 〈 실로폰 〉

실로폰

Y / Yellowcard 〈 옐로우카드 〉

경고카드

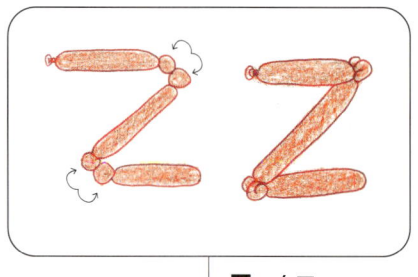

Z / Zoo 〈 주~ 〉

동물원

PART 5
풍선으로 예쁜 꽃 만들기

풍선으로 예쁜 꽃 만들기

🎈 요술풍선으로 꽃다발 만들기

누구나 선물로 받으면 행복해지는 꽃다발, 이제 누구나 쉽게 만들 수 있습니다.

취미생활도 되고 가계부도 살찌우는 요술풍선 꽃다발 만들기로 선물하는 즐거움을 만끽해 보세요.

> **재료**
> 요술풍선, 손펌프, 포장재 및 리본, 조화용 꽃술, 플로럴테이프

③ 꼬리부분을 잘라내고 만들어진 꽃술을 풍선방울 중심에 끼워넣는다.

① 조화용 꽃술을 여러 개 플로럴 철사에 사진과 같이 묶는다.

④ 망사 리본이나 포장재를 사용하여 꽃을 감싸준다.

② 요술풍선을 20cm 정도 불어 2cm짜리 방울을 만들어 주입구를 잡고 겹꼬기를 한다. 연속하여 같은 위치에 2cm의 겹꼬기방울 4개 더 만들어 꽃잎부분을 만든다.(이때 풍선방울이 서로 벌어져 있는 경우에는 2~3개씩 잡고 한 바퀴 돌려준다.)

⑤ 꽃다발을 만들기 위해서 여러 개의 꽃들을 같은 방법으로 만들어 놓는다.

⑥ 여러 개의 꽃들을 만들어 꽃다발을 보기좋게 잡아 준다.

⑧ 리본이나 기타 오브제로 멋을 낸다.

⑦ 바깥을 주름지나 부직포, 셀로판지 등으로 싼다.

벌룬파티스쿨 대표 송동명
(www.bpschool.co.kr)

- 한국풍선협회 대외협력국장
- 벌룬아트디자인전 행사기획 및 진행
- 현대백화점(무역점, 천호점, 신촌점) 장식 외
- COEX 국제보육전 및 완구박람회 장식
- 흥국생명, 교보생명 출장 강의
- EBS문화센터 풍선아트 강좌

풍선으로 예쁜 꽃 만들기

🎈 판타지플라워

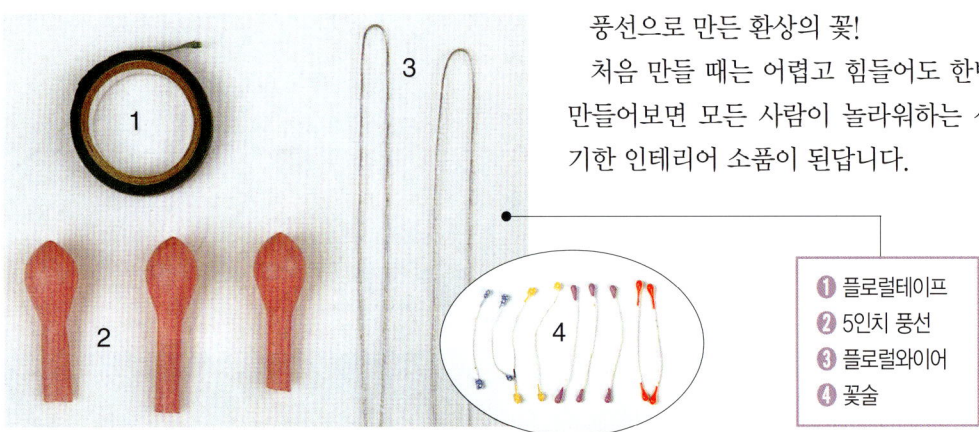

풍선으로 만든 환상의 꽃!
처음 만들 때는 어렵고 힘들어도 한번 만들어보면 모든 사람이 놀라워하는 신기한 인테리어 소품이 된답니다.

❶ 플로럴테이프
❷ 5인치 풍선
❸ 플로럴와이어
❹ 꽃술

기본꽃 만들기

이렇게 만드세요

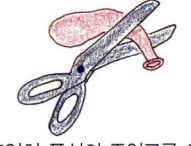

❶ 5인치 풍선의 주입구를 0.5cm 정도 자른다.

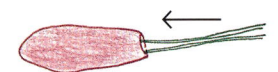

❷ 18번 철사를 반으로 구부려 구부러진 윗부분을 풍선에 집어넣는다.

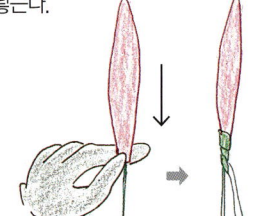

❸ 풍선을 11cm 정도 잡아당겨 밑에서 1cm 부분부터 플로럴테이프로 풍선이 신축성에 의해 풀리지 않도록 단단히 감싼다.
이때 플로럴테이프를 한번 늘여서 편 다음 사용해야 접착력이 높아진다.

❹ 같은 과정을 원하는 꽃잎의 숫자만큼 반복해 여러 개의 꽃잎을 만든다. 여기서는 5개의 꽃잎을 만들었다.

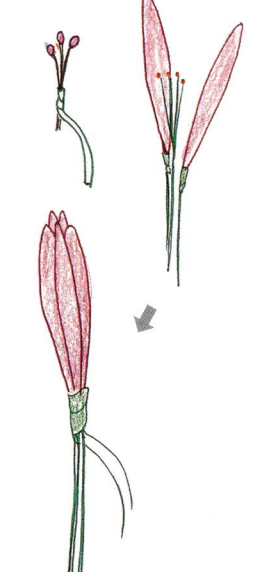

❺ 여러 개의 꽃술을 철사에 묶어 꽃술을 만든다. 꽃술을 중간에 놓고 꽃잎을 동그랗게 모아 밑부분 전체를 플로럴테이프로 단단히 감아 풀어지지 않도록 한다.

❻ 꽃받침 부분을 왼손 엄지손톱으로 받쳐주고 꽃잎을 방사형으로 바깥으로 펼친다.

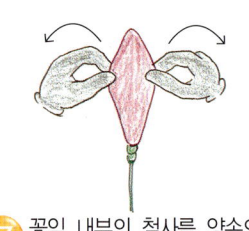

❼ 꽃잎 내부의 철사를 양손으로 그림과 같이 넓게 펴 준다.

꽃술 만들기 １

이렇게 만드세요

① 5인치 풍선을 입구 부분은 잘라내고 불지 않은 정도의 상태로 아주 조금 바람을 넣어 묶는다.

② 매듭 아래쪽으로 철사을 통과시켜 플로럴테이프로 감싼다.

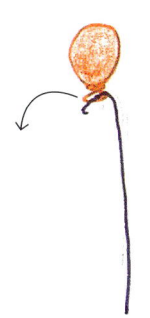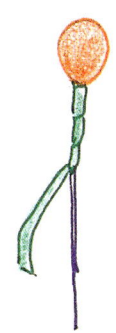

꽃술 만들기 ２

이렇게 만드세요

① 연필에 20번 철사를 한번 휘감아 주고난 다음 빼낸다.

② 교차된 부분을 90도로 굽혀준다.

③ 주입구를 잘라낸 5인치 풍선에 철사를 끼워넣는다.

④ 풍선을 7cm 정도 잡아당겨 밑에서 1cm 부분부터 플로럴테이프로 풍선이 신축성에 의해 풀리지 않도록 단단히 감싼다.

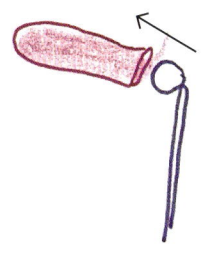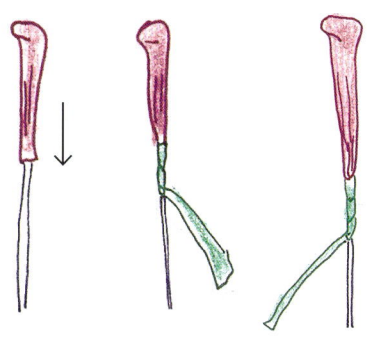

힌트

철사는 #20, #18 등으로 분류되며 숫자가 적을수록 두께가 두꺼운 철사이고 환타지 플라워에서는 부드러운 꽃잎을 표현할 때에는 20번 철사를 사용하고 두꺼운 꽃잎은 18번 철사를 주로 사용합니다. 꽃술을 만들 때 사용하는 철사는 얇고 구부러지기 쉬운 철사를 사용합니다.

장미 만들기

이 세상 모든 꽃의 여왕인 장미!
이 풍선 장미 한 송이면 남편의 마음을 사로잡을 수도 있고 식탁을 더욱 풍요롭게 만들 수도 있답니다.

이렇게 만드세요

④ 철사를 벌려 꽃잎 모양으로 만든다.

① 5인치 풍선의 입구 부분을 바싹 자른다. 약간 짧게 자른 5인치 풍선에 철사를 넣어 조금만 당겨 플로럴테이프로 감는다.

⑤ 안쪽에 3개의 풍선 꽃잎을 감싸쥐고 테이프로 고정시킨다.

② 철사를 넣지 않은 풍선 2개를 함께 플로럴테이프로 같이 감아 묶는다.

⑥ 바깥쪽에 5개의 꽃잎을 안쪽 꽃술 바로 밑에서 잡고 테이프로 감싸준다.

③ 0.5cm 정도 주입구를 자른 풍선을 사용하여 철사를 풍선에 넣고 밑부분을 당긴 후 플로럴테이프로 감아서 고정시킨다.

⑦ 한 송이를 예쁘게 포장하거나 꽃다발을 만들어준다.

PART 6

가족이 함께 생일파티 꾸미기

풍선의 색과 조합

1 기본색
일반적인 색깔로 불투명하고 풍선장식에 가장 많이 쓰며 색의 기본이 된다.

2 투명색
풍선의 내부가 들여다 보이는 투명하고 짙은 색이다. 투명색은 햇빛이나 외부에 오래 노출되면 투명도가 떨어지며 뿌옇게 변한다. 또한 진한 색이 많기 때문에 연한 색과 잘 조화를 이루도록 해야 한다.

3 파스텔 색
파스텔 계통의 부드럽고 연한 색이고 가장 많이 쓰이며 역시 불투명하다. 다른 색과 가장 무난히 어울릴 수 있으며, 같은 패턴 톤과의 조화가 쉬워 거리에서 보기 쉬운 아치 형식은 이 색들을 이용해 그라데이션 컬러 패턴으로 많이 사용한다.

4 펄 톤
진주같이 은은하고 고급스러운 느낌을 주는 색이며 여성이나 성인 대상의 장식이나 행사에 잘 어울리며 특히 실내 행사나 호텔 행사에 많이 선호된다.

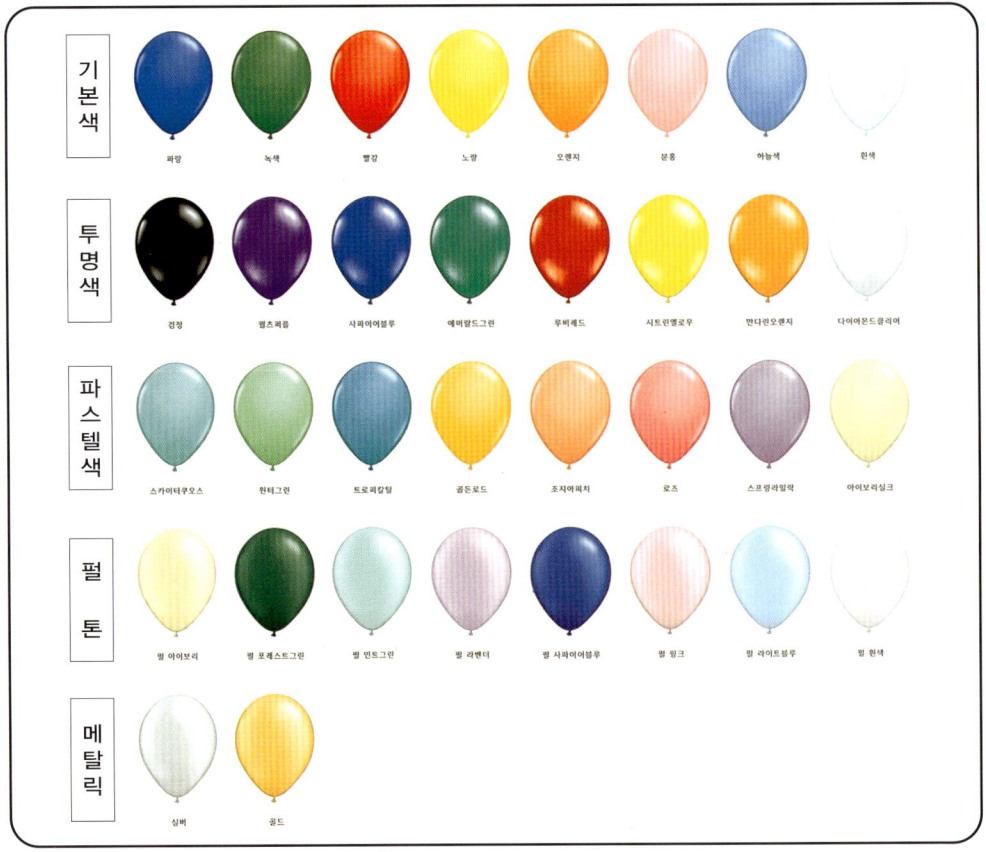

5 풍선장식에서 색깔의 사용은 어떻게?

풍선장식에 있어서 색을 잘 조화시키기 위해서는 각각의 색깔보다는 전체의 느낌을 먼저 생각하고 어둡고 진한 색은 특별한 로고컬러인 경우를 제외하고 너무 많이 쓰는 것을 피한다.

또한 2가지 이상의 색을 조화시킨다는 것은 초보자인 경우 매우 혼잡스러운 분위기를 연출하게 되므로 흰색이나 검정색을 제외하고 2가지 색상 이내에서 장식하는 것이 좋다. 한 가지 더 장식에 고려해야 하는 것은 배경색과 같은 색은 풍선의 컬러가 배경색에 묻히게 되므로 피해야 한다. 일반적으로 풍선장식에 잘 사용되는 색의 조합 몇 가지를 소개한다.

산뜻한 느낌의 개업 행사에서의 색의 조합

파랑색, 흰색, 빨강색, 흰색을 사용하면 시각적으로 눈에 잘 띄며 산뜻한 느낌을 주기 때문에 개업 행사에 많이 쓰인다.

크리스마스에 주로 사용되는 색의 조합

금색, 초록색, 흰색, 빨강색을 사용하며 크리스마스 장식에 주로 쓰인다.

일반적으로 아이들이나 아치 입구 장식에 사용되는 색의 조합(파스텔 그라데이션 조합)

파스텔 색을 진한 색부터 연한 색으로 단계적으로 이어지게 색깔을 배열하는 것이다. 윈터그린, 틸, 라일락, 로스, 피치, 골드로드, 아이보리, 흰색을 사용하며 색이 많다고 생각되면 1~2가지는 생략해도 좋다.

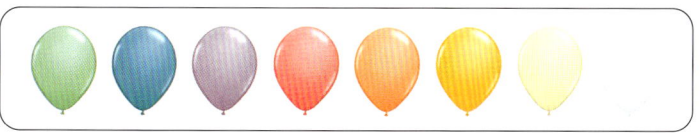

여러 가지 색상의 강렬한 색의 조합(레인보우 그라데이션)

투명색을 무지개와 같은 색 배열하는 것으로 어린이를 위한 장식에 좋으며 색의 배열은 퍼플, 사파이어블루, 에머랄드그린, 시트린엘로우, 만다린오렌지, 루비레드 순으로 사용한다.

- **단일색조화** : 같은 계열의 색상을 사용하는 것으로, 예를 들면 빨강, 핑크, 로즈의 조합으로 편안한 배색이 된다. .
- **근접색조화** : 색상환에서 한 가지 색과 그 양옆의 색상을 사용하는 것으로, 예를 들면 오렌지색과 그 양옆의 빨강, 노랑색의 조합으로 예쁜 색의 조화를 얻어낼 수 있다.
- **보색조화** : 색상환에서 한 가지 색과 정반대편의 색상을 사용하는 것으로 가장 강렬한 조화를 얻을 수 있다.
- **혼합색조화** : 색상환에서 3가지색 이상의 색을 사용하는 것으로 화려하고 원색적인 느낌을 얻을 수 있으나 혼란스러움을 주므로 주의해서 사용하도록 한다. .

 풍선장식에 사용되는 용어

용어	설 명
전기펌프	전기로 모터를 동작시켜 바람이 나오도록 되어있으며 크기가 작아서 이동이 간편하고 쉽게 원하는 크기의 풍선을 불 수 있기 때문에 대량의 풍선을 불 때 사용한다.
손 펌프	요술풍선이나 적은 양의 생일파티 장식을 할 경우 쓰는 손으로 작동하는 펌프이며 일반인도 쉽게 사용할 수 있도록 되어 있다.
사이저(sizer)	풍선의 크기를 항상 일정하게 불 수 있도록 해주는 도구로 박스나 마분지를 잘라 만든다. 완벽한 모양을 갖추지 않더라도 크기를 일정하게 해줄 수 있는 장치라면 어떠한 것이라도 좋다.
낚시줄	10호 이상의 낚시줄을 사용해야 하며 풍선을 엮거나 매달 때 사용한다.
가위	풍선장식에 있어서 날카로운 가위는 아주 중요한 장식 디자인의 도구이다.
글루건	사용이 가장 간편하고 이동이 편리하나 고무풍선에 사용하기에 너무 뜨겁다는 것이 단점이다. 풍선용 콜드글루건이 있다. 그 외에 풍선과 풍선을 붙일 때는 꽃집에서 사용하는 플로럴 본드나 고무 본드도 풍선에 사용이 가능하다.
홍보용 인쇄풍선	상호나 로고, 메시지 등을 풍선 표면에 인쇄하여 홍보용으로 나누어주는 풍선을 말한다.
산화(oxidation)	풍선의 표면이 열과 산소 그리고 태양빛과 습기의 영향을 받아 표면이 탁해져 흐려지는 것으로, 투명한 보석 톤의 풍선이나 특수한 풍선에는 나쁜 영향을 미치나 어떤 경우에는 풍선이 곱게 채색된 효과를 낸다.
풍선송이(cluster)	4개의 풍선을 같은 크기로 불어 엮어놓은 것을 말한다. 가랜드나 여러 가지 풍선 조형물을 만드는 기본이 된다. 좀 더 원형 형태의 기둥이 필요한 경우 5개짜리 풍선송이를 쓰는 경우도 있다.
가랜드(garland)	줄이나 로드 또는 파이프에 풍선송이를 엮어 만든 탄탄하고 긴 줄의 형태. 풍선의 색깔을 맞추는 것에 따라 여러 가지 패턴을 만들어 낸다. 4개 송이로 만들어진 가랜드를 클래식데코라고 하며, 가장 빠르고 쉬운 방법으로서 대부분의 장식은 클래식데코를 사용한다.
아치(arch)	일반 장식에서 풍선으로 만드는 기본적인 형태의 곡선이다.

 풍선장식의 기본

이 장에서는 풍선장식의 기본이 되는 풍선 꽃장식과 풍선 기둥 그리고 클래식데코의 응용으로서 하트장식이 어떻게 만들어지며 풍선장식을 어떻게 활용할 수 있는지를 배우게 된다.

풍선장식의 기본이 되는 불기에서부터 크기를 재고 함께 꼬아서 풍선송이나 기둥 만들기 등의 기본에 충실하도록 설명되어질 것이며 여기서 설명되어진 기본을 충실히 따라한다면, 집안의 간단한 풍선장식은 직접 할 수 있을 뿐만 아니라 여기에 독자의 창의력이 더해진다면 훌륭한 파티장식이 될 수 있을 것이다.

풍선 불기와 묶기

1 불기

풍선을 펌프를 사용하여 적당한 크기로 분다.(11인치 이상의 큰 풍선은 손펌프를 사용하면 여러 번 펌프질을 해야 하므로 발펌프나 전기펌프를 주로 사용한다.)

2 크기 재기

크기를 재기 위해 사이저에 풍선을 통과시키며 적당한 크기까지 바람을 빼다가 풍선이 사이저를 통과할 때 바람이 빠지지 않도록 주입구를 꼭 잡아준다.

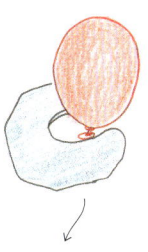

3 묶기

이제 풍선을 원하는 크기대로 불었다면 바람이 빠지지 않게 묶으면 된다.

혼자서 하는 경우는 일반적으로 하나씩 묶어놓고 그 하나 하나를 다시 2개씩 묶는다. 그러나 여기 설명에서는 풍선장식의 기본인 2개 묶기를 알아보자.

풍선을 양손에 하나씩 불어서 각각의 풍선 주입구(butt)를 잡고 마치 2개의 고무줄을 묶듯이 묶으면 된다. 물론, 풍선의 탄력 때문에 처음에는 서툴겠지만 조금만 숙달되면 아주 편리한 방법임을 알게 될 것이다.

4 풍선송이 만들기

풍선송이란 풍선을 4개 또는 5개를 하나로 묶어놓은 것으로 풍선단이라고도 하며, 풍선장식의 최소 단위이다. 이 풍선송이들을 하나하나 쌓아나가면 풍선기둥이 되는 것이다.

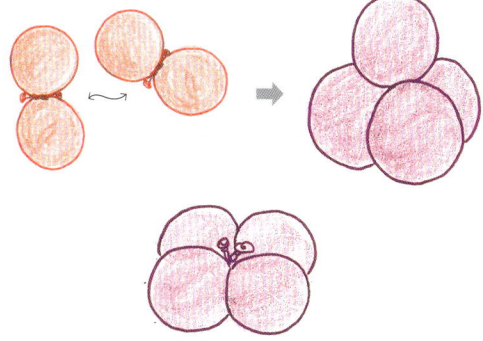

불고 묶을 때 주의해야 할 점

풍선의 사이즈는 풍선에 헬륨을 불었을 때의 적정 사이즈를 표시한 것이므로 일반적인 풍선 장식을 위해 공기를 불어넣을 때에는 헬륨 사이즈의 80%에서 90% 정도의 크기로 불어서 사용하게 되며 고무풍선은 신축성이 있어 헬륨 적정 사이즈보다도 2인치 정도는 더 불어지며 질이 좋은 풍선일수록 더 크게 불어집니다. 대개의 초심자들은 자기 사이즈보다 더 크게 불어 마치 전구모양처럼 부는 경우가 있는데 이럴 경우는 쉽게 풍선이 터지게 됩니다.

아주 쉬운 풍선장식 따라하기

풍선꽃 만들기

빨간 꽃술과 4개의 잎을 가진 풍선꽃
재료 : 5인치 풍선 보라색 4개, 빨강색 1개

① 5인치 풍선을 지름이 10cm가 조금 넘을 정도로 손펌프를 사용하여 분다.

③ 10cm로 분 풍선 2개를 한꺼번에 묶어준다.

⑤ 지름이 7cm 정도의 풍선을 불어 풍선송이의 교차된 중심부에 묶어준다.

② 사이저의 폭을 10cm에 맞추고 풍선을 통과시켜 10cm 크기의 풍선 2개를 만든다.

④ 2개씩 묶어진 풍선을 서로 교차시켜 한 바퀴 돌려주면 풍선송이가 완성된다.

꽃술 1개에 꽃잎이 5개인 풍선꽃
재료 : 5인치 풍선 노랑색 5개, 초록색 1개

① 지름이 10cm인 풍선을 불어서 4개짜리 풍선송이를 1개 만든다.

④ 풍선꽃잎 5개를 잘 펴고 중앙에 꽃술이 위치하도록 한다.

③ 4개송이의 중심 부분에 앞에서 만든 2개로 묶은 풍선을 통과시킨다.

② 지름이 10cm인 풍선과 지름이 약 7cm 정도인 풍선을 묶어준다.

힌트
풍선의 크기는 방의 면적과 장식의 크기를 고려하여 5인치, 9인치, 11인치 풍선을 적당히 불어서 사용하도록 하며 부착 방법은 집안에서 쉽게 구할 수 있는 압정을 사용하여 풍선 주입구를 고정시키거나 양면테이프 또는 넓은 면테이프를 거꾸로 말아 접착면이 양쪽으로 오게 하여 풍선과 벽 양쪽에 붙혀 고정시킨다.

꽃술과 8개의 겹꽃 잎으로 된 풍선꽃

재료 : 5인치 풍선 흰색 4개, 노랑색 1개, 11인치 오렌지색 4개

❶ 11인치 풍선을 지름이 20cm가 되도록 하여 4개짜리 풍선송이를 1개 만든다.

❸ 7cm 정도의 크기로 5인치 풍선을 불어 풍선송이의 교차된 중심부에서 풍선 주입구를 하나 잡아당겨 같이 묶어준다.

❷ 5인치 풍선을 지름이 10cm로 불어 4개짜리 풍선송이를 만들고 사진과 같이 중심부분에서 같이 엮는다.

풍선볼 만들기

재료 : 5인치 풍선 노랑색 10개, 오렌지색 2개

❶ 5인치 풍선을 10cm로 불어 2개씩 묶어 노랑색 5개, 오렌지색 1개를 만든다.

❸ 오렌지색 풍선 한 쌍을 노랑색 풍선송이의 정반대로 통과시켜 양쪽에 꽃술을 만들어준다.

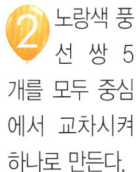

❷ 노랑색 풍선 쌍 5개를 모두 중심에서 교차시켜 하나로 만든다.

풍선기둥 만들기

이 풍선기둥은 클래식데코의 기본이 되며 가장 쉽고 효과적인 장식의 하나이다. 이 장에서는 집안에서 생일상 옆에 놓을만한 크기의 풍선기둥을 구하기 쉬운 재료를 사용하여 만들어보자.

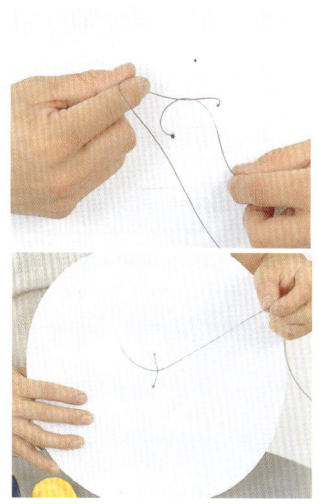

① 두꺼운 마분지 등을 적당한 크기의 원형으로 오려내어 중간에 구멍을 뚫어 집안에서 쓰는 두꺼운 나일론 실(전문가들은 10호 이상 되는 굵은 낚시줄을 사용하지만 우리들은 가정에서 쉽게 구할 수 있는 재료로 사용해 보자.)을 그림과 같이 구멍에 통과시켜 묶는다.

② 18cm 정도의 지름으로 풍선을 불어 풍선송이를 만든다.

③ 나일론실을 풍선송이 중앙에 통과시켜 몸 앞, 뒤의 풍선에 8자로 통과시켜 풍선송이를 고정시킨다.

④ 2번째 풍선송이를 첫 단의 풍선송이 사이사이의 홈에 맞춰보면 딱 맞게 된다. 이렇게 자연스럽게 1번째 풍선 사이사이에 2번째 풍선송이가 끼워진 상태에서 다시 2번째 풍선을 나일론 줄을 사용하여 8자로 꼬아 묶어준다.

⑤ 같은 동작을 반복하여 풍선기둥을 만든다.(파스텔 그라데이션 패턴의 색 배합)

⑥ 맨 윗부분의 풍선에 나일론 줄로 여러 번 풍선에 돌려 묶는다.

풍선물고기 만들기

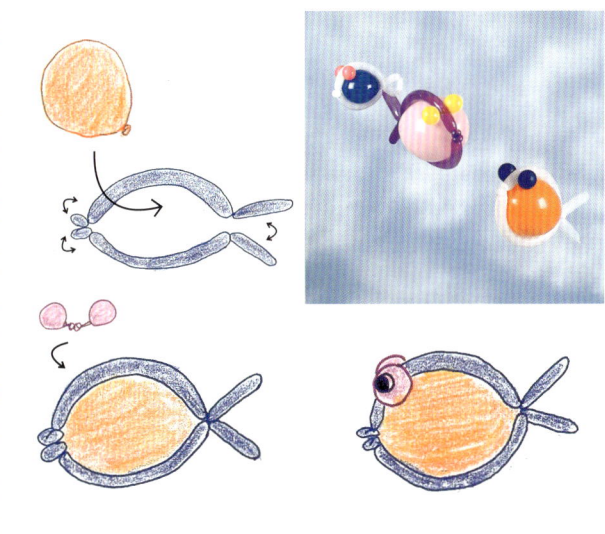

7️⃣ 맨 윗부분의 풍선송이 중앙에서 풍선 주입구 1개를 잡아당겨 약 25cm 정도로 약간 크게 분 마무리풍선을 묶어준다.

힌트

마무리풍선은 풍선기둥이나 클래식데코의 모양을 잡아주는 아주 중요한 역할을 하고 있습니다. 만약 마무리풍선을 만들지 않는다면 풍선기둥의 윗모양은 잠깐 사이에 뒤틀리고 삐져나와 보기 흉하게 될 것입니다. 마무리풍선의 크기는 기둥에 사용된 크기보다 조금 더 크게 불어야 균형 있고 보기 좋은 장식이 됩니다.

- 파티용품, 각종풍선
- 교육자료, 비디오, 사진자료등

www.balloontoday.com

하트모양 만들기

하트모양의 장식은 주로 사랑을 표현할 때 많이 사용되는 장식이며 결혼식, 발렌타인데이, 화이트데이, 생일파티 등에 빠짐없이 어디에나 쓰일 수 있는 아름다운 장식입니다.

프레임 작업

❶ 철물점에서 4mm 굵기의 백색의 굵은 철사나 알루미늄철사를 직선으로 만들어 준비한다.
❷ 똑같은 크기로 둘로 잘라 끝을 15cm 정도 엇갈려서 남기고 전기테이프로 임시로 고정시킨다.
❸ 바닥이나 종이에 반쪽 하트모양을 그린다.
❹ 그림을 따라 두 개를 같이 묶어놓은 철사를 구부린다.

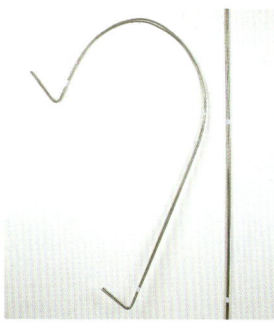

❺ 엇갈려 있던 양끝의 15cm 철사를 구부려 준다.
❻ 테이프를 풀고 철사를 양쪽으로 펼치고 끝을 전기테이프로 단단히 고정시킨다.

❼ 하트 프레임이 완성되었다.

하트 모양 장식 만들기

❶ 5인치 풍선을 지름 10cm의 크기로 불어 4개 풍선송이를 만들어 하트모양의 프레임에 직접 풍선을 꼬아나 간다.

❷ 프레임에 풍선 송이를 밀어넣으며 풍선을 계속 꼬아 주면서 풍선의 색을 맞추어 나가면 스파이랄 패턴으로 만들어진다.

❸ 계속하여 풍선 송이를 반복하여 꼬아 하트모양을 완성시킨다.

❹ 리본이나 소품 등을 사용하여 좀 더 아름답게 꾸민다. 하트 장식의 양쪽에서 낚시줄이나 실 등을 사용하여 천정이나 벽 등에 고정시킨다.

하트의 뾰족한 부분에 이르러서는 풍선송이를 3개짜리 1개를 맨 위쪽과 맨 아래쪽에 엮어주면 하트의 모양이 좀 더 날카롭고 모양이 확실하게 표현될 수 있습니다.

PART 7

위빙기법으로 생일케이크 만들기

생일파티를 위한 풍선케이크

이런 케이크를 보셨나요?

파티에 참석한 아이들 모두 깜짝 놀랄 만한 정말 특별한 풍선으로 만든 생일케이크를 준비해 보세요.

이렇게 만드세요

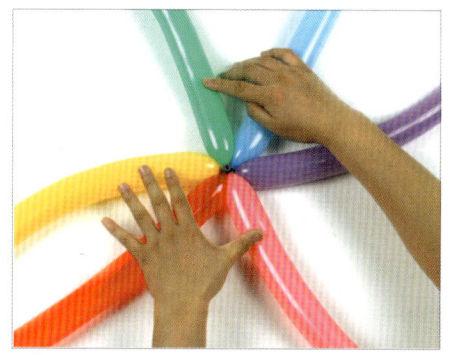

① 요술풍선 6개를 꼬리를 12cm 남기고 불어놓은 다음 2개씩 묶어 풍선 쌍 3개를 만든다. 풍선 쌍의 매듭부분을 서로 교차하여 꼬아 6개의 풍선이 사진과 같이 한 곳에 묶여 있는 형태를 만든다.

② 6개의 풍선 중 1개를 선택하여 중심부분에 2cm 방울을 만들어 겹꼬기한다.

③ 중심에서 뻗어나간 6개의 풍선에 사진과 같이 미리 12cm 방울을 만들고 연이어 2cm 방울을 만들어 겹꼬기를 해 놓는다. 첫 번째 풍선에 12cm 방울을 만들어 90도로 방향을 바꾸어 오른쪽 옆의 겹꼬기방울에 그냥 꼬아잠근다. 두 번째 풍선도 같은 동작을 반복한다.

④ 같은 방법으로 계속해서 나머지 세 번째, 네 번째, 다섯 번째, 여섯 번째의 풍선도 만들어 케이크의 윗부분을 완성시킨다.

⑤ 첫 번째 풍선에 2cm 방울, 12cm 방울을 만들어 놓고 옆의 두 번째 풍선에 2cm 방울을 만든다.

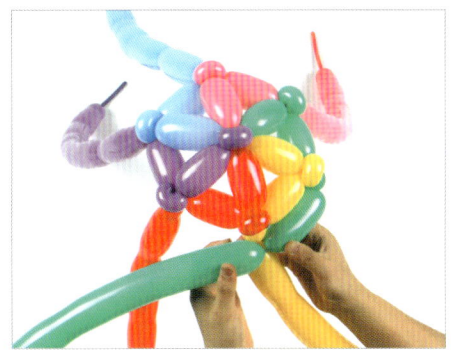

6️⃣ 첫 번째 풍선의 12cm 방울과 두 번째 2cm 방울을 사진과 같이 꼬아준다. (이때 12cm 방울의 크기가 똑같아야 케이크가 예쁘게 만들어진다.)

9️⃣ 풍선의 남은 부분들은 사진과 같이 2cm 방울을 만들어 겹꼬기를 하고 3~4바퀴 더 돌려서 마무리한다.

7️⃣ 마지막 풍선은 방울끼리 직접 꼬아잠글 수 없으므로 풍선 사이의 구멍에 통과시키면서 풍선을 잠궈준다.

🔟 풍선의 꼬리부분을 자르고 바람이 빠지지 않도록 묶어 마무리하여 케이크의 몸통부분을 완성한다.

8️⃣ 5와 6의 과정을 반복하여 가로 방향으로 2개의 원을 만들어주면 케이크의 옆면이 완성된다.

1️⃣1️⃣ 풍선의 꼬리를 20cm 남기고 불어서 사진과 같이 케이크의 위쪽 겹꼬기부분에 묶는다.

⑫ 케이크 옆면에 장식을 만들기 위해 여러방울꼬기로 2cm 방울을 4~5개 만들고 오른쪽 겹꼬기부분에 방울이 풀리지 않도록 한 바퀴 꼬아잠근다.

⑮ 매듭부분을 사진과 같이 흰 풍선 안쪽으로 튤립 꼬기를 해서 촛불을 만든다.

⑬ 케이크의 주위를 한 바퀴 돌아가며 11번을 반복하여 2cm 방울을 만들어 장식한다. (풍선이 모자랄 경우 1개의 풍선을 더 사용하여 완성한다.)

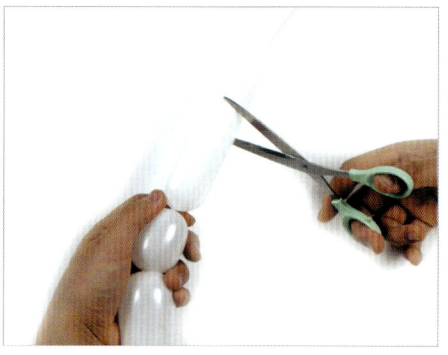

⑯ 케이크 초를 적당한 길이를 남기고 불필요한 방울을 제거하고 묶어준다.

⑭ 케이크 초를 만들기 위해 빨강색 풍선의 끝을 1cm 남기고 2cm 방울을 불어 묶은 후 흰색 풍선을 15cm 남기고 불어서 2개의 풍선을 서로 묶어준다.

⑰ 만들어진 촛불을 케이크 중앙에 2.에서 만든 겹꼬기방울을 케이크의 안쪽으로 위치하게 한 후 그 자리에 사진과 같이 묶어준다.

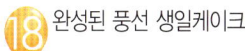 완성된 풍선 생일케이크

위빙기법으로 만든 작품들

작품: 윤 대렬

작품: 최 운

Portfolio

남극펭귄   타 조   아기공룡   춤추는 발레리나

Portfolio

실베스타

산타와 루돌프

에스키모

뽀빠이

작가소개

김 정태 CBA
한국 풍선교육협회 강동지부장
한국 풍선협회 강사
벌룬투데이 하남대리점장

최 운
한국 풍선교육협회 강사
다음카페 "풍선만세" 운영자

요술풍선 100가지 만들기

2010년 9월 5일 1판 1쇄
2023년 1월 10일 1판 4쇄

저자 : 이기태
사진 : 구자익
펴낸이 : 이정일

펴낸곳 : 도서출판 **일진사**
www.iljinsa.com

04317 서울시 용산구 효창원로 64길 6
대표전화 : 704-1616, 팩스 : 715-3536
등록번호 : 제1979-000009호(1979.4.2)

값 14,000원

ISBN : 978-89-429-1180-6

* 이 책에 실린 글이나 사진은 문서에 의한 출판사의
동의 없이 무단 전재·복제를 금합니다.